对外直接投资历史与发展研究

李凯伦　著

中国纺织出版社有限公司
国家一级出版社
全国百佳图书出版单位

内 容 提 要

本书采用经济理论方法研究第二次世界大战以来中美日韩对外直接投资的发展历史，分析其阶段特征、发展背景及影响因素，从而为新时代中国的对外直接投资提供历史借鉴，以应对投资发展过程中的问题，对于推动对外直接投资发展、促进世界经济发展具有一定的现实意义。

图书在版编目（CIP）数据

对外直接投资历史与发展研究 / 李凯伦著. -- 北京：中国纺织出版社有限公司，2021.10（2024.2重印）

ISBN 978-7-5180-8859-1

Ⅰ.①对… Ⅱ.①李… Ⅲ.①对外投资—直接投资—经济史—研究—中国 Ⅳ.①F832.9

中国版本图书馆CIP数据核字（2021）第181614号

责任编辑：段子君　　责任校对：王蕙莹　　责任印制：储志伟

中国纺织出版社有限公司出版发行

地址：北京市朝阳区百子湾东里 A407 号楼　邮政编码：100124

销售电话：010—67004422　传真：010—87155801

http://www.c-textilep.com

中国纺织出版社天猫旗舰店

官方微博 http://weibo.com/2119887771

北京兰星球彩色印刷有限公司印刷　　各地新华书店经销

2021 年 10 月第 1 版　　2024 年 2 月第 3 次印刷

开本：710×1000　1/16　印张：15

字数：164 千字　定价：78.00 元

凡购本书，如有缺页、倒页、脱页，由本社图书营销中心调换

序言

改革开放以来，中国政府积极实施“引进来”战略，大力招商引资，使之成为中国经济崛起的重要力量。进入21世纪后，党和政府又制定了“走出去”和“引进来”并重的发展战略，鼓励中国企业“走出去”，参与国际竞争。近年来，中国对外直接投资额的迅速增长及其表现出来的竞争力引起了国内外学者和媒体的高度关注。2018年年末中国全行业对外直接投资存量达到19822.7亿美元，居世界第三位；2018年中国对外直接投资流量达到1430.4亿美元，仅次于日本，居世界第二位；2002—2018年中国对外直接投资的年均增长率达31.2%，另外从总量上看其在全球的比重也在提升，中国已经跻身对外直接投资大国行列。虽然中国的对外直接投资发展迅速，但是仍然存在着一个明显问题：中国的对外直接投资所处阶段是否与当前中国经济发展程度相适应，党的十九大宣告中国特色社会主义进入了新时代，这是对中国特色社会主义进行的新的历史定位，在这种背景下，本书希望能够判断出中国的对外直接投资所处的历史方位，明确其所处阶段。为解决上述问题，需要研究中国对外直接投资的发展史，同时了解美日韩三个国家的对外直接投资发展史，以知晓世界对外直接投资的发展形势。

本书内容具有一定的理论意义和现实意义。其理论意义是：首先，采用经济史的理论与方法研究了中美日韩的对外直接投资史，为各国对外直接投资的阶段定位提供了历史依据。在关于对外直接投资研究的文献中，大多是采用经济学的方法研究当代的对外直接投资问题，如研究对外直接投资的影响因素、区位选择、投资效率，等等。本书拓宽了研究视角，即采用经济史的理论和方法研究“二战”以后一些主要国家的对外直接投资发展史，分析其发展的阶段特征及影响因素，通过对对外直接投资历史的具体分析，为“新时代”中国的对外直接投资发展提供历史借鉴。其次，丰富了对外投资周期理论的相关文献。对外投资周期理论是国际投资理论的进一步发展，本书通过计量方法判定国家是否符合对外直接投资周期理论，丰富了相关文献。本书内容的现实意义是：从国内形势来看，中国经济已经进入“新常态”，在创新、协调、绿色、开放、共享的新发展理念影响下，中国经济开始追求高质量发展。在此背景下，习近平总书记提出了“一带一路”倡议，以推进与沿线国家的产能合作、经济和文化交流，中国进行对外直接投资是促进“一带一路”建设的重要方面。另外，现阶段中国经过几十年的发展，国内资本数额巨大，中国开始既注重“引进来”又注重“走出去”，近年来对外直接投资流量一直处在世界前列，中国在全球资本流动方面正在发挥着越来越重要的作用。对中国和世界主要国家的对外直接投资历史和发展进行研究，有助于把握世界对外直接投资的发展趋势，有利于中国应对对外直接投资发展过程中存在的问题。从国际形势看，当前世界“逆全球化”趋势愈加明显，贸易保护主义依然盛行，单边主义十分猖獗，这些都严重制约了世界经济的复苏。国际直接投资一直是世界经济发展的重要推动器，研究几个主要发达国家对外直接投资的发展史，掌握其发展的一般规律，对于推动对外直接投资发展、促进世界经济发展具有重要的现实意义。

本书第 1 章为导论，主要界定了相关概念，并阐释了样本选择、选题背景、选题意义、研究方法和框架安排、创新点和不足等内容。

第 2 章为理论基础与文献综述，对对外直接投资理论的发展进行了梳理，主要回顾了马克思主义的对外投资理论、以国际贸易理论为基础的对外投资理论，以及以产业组织理论为基础的对外投资理论，在此基础上阐述了邓宁等人的投资周期理论，同时对研究对外直接投资周期阶段特征的实证文献进行了梳理，为后文的分析奠定了理论基础。

第 3 章从国内视角论述了中华人民共和国成立后对外直接投资发展各个阶段的特征。新中国成立后的对外直接投资发展分为六个阶段，分别为萌芽阶段、起步探索阶段、调整阶段、深入发展阶段、进一步发展阶段和健康规范发展阶段，而在每个阶段中国的对外直接投资都具有不同的特点和发展背景。

第 4 章从国际视角分别论述了美国、日本和韩国的对外直接投资的阶段特征和发展背景。“二战”后至今美国的对外直接投资发展分为战后初期发展阶段、高速发展阶段、大规模发展阶段和调整阶段，美国对外直接投资的发展对国际投资有着重要影响；日本从“二战”后至今其对外直接投资分别经历了初始阶段、快速发展阶段、大规模发展阶段、震荡发展阶段和调整阶段，每个阶段都呈现了不同的发展特征；韩国对外直接投资自“二战”后至今分别经历了初始阶段、快速发展阶段、大规模发展阶段、波动发展阶段和稳定发展阶段。

第 5 章以对外直接投资周期理论为基础，通过构建计量模型进行实证分析，发现中国的对外直接投资发展符合邓宁等人提出的对外直接投资周期理论，并且已经进入第四阶段，中国对外直接投资流量第一阶段和第二阶段的分界时间在 1997—1999 年，第二阶段和第三阶段的分界时间在 2008—2009 年，第三阶段和第四阶段的分界时间为 2015 年。采用同样的方法对美日韩三国的对外直接投资发展周期进行了验证，发现美国和日本总体上不符合对外直接投资周期理论，韩国较为符合。

第 6 章对中美日韩四国对外直接投资各个阶段的特征进行总结，同时简述了四国对外直接投资周期的实证结果，最后指出对对外直接投资作进一步研究的方向。

编者

2021 年 4 月

目录

第1章
导论

1.1 问题的提出

1.1.1 概念界定和样本选择

对外直接投资是国际资本流动的一种方式，它是通过获得境外企业的经营控制权从而为实现利润或其他目标所进行的投资。按照经合组织（OECD）的定义，对外直接投资是一个国家（地区）的实体和居民（母公司或直接投资者）为获得持久利益对另一国（地区）企业进行控制的投资活动（《外商直接投资基准定义（第 4 版）》）。按照国际货币基金组织（IMF）的定义，它表示一经济体的投资者把资本放于别的经济体而进行的生产活动，并且表现为控制一定经营权的经济活动（《国际收支手册：第 5 版（BPM5）》）。根据我国的定义，对外直接投资是指境内投资者以控制国 (境) 外企业的经营管理权为核心的经济活动，体现在一经济体通过投资于另一经济体而实现其持久利益的目标，其包括股权投资、收益再投资以及债务工具三部分（《对外直接投资统计制度》2019 年版）。

本书以中国、美国、日本、韩国四个国家为样本，研究这些国家的对外直接投资发展史，并以邓宁提出的对外投资周期理论为基础判断它们对外直接投资所处的阶段。之所以选择这四个国家，主要原因有：首先，这四个国家有着丰富的投资实践经历，吸引外资和对外直接投资量巨大，例如 2018 年中美日韩四国对外直接投资存量共计 10.5 万亿美元，占当年世界对外直接投资存量的比重为 33.9%，影响巨大。另外这四个国家在该年投资存量的世界排名上也都居于前列。其次，这四个国家分别具有典型特征：美国作为世界上最发达的国家，其经济发展过程对其他国家具有引领和示范作用，尤其是对外直接投资的发展更具特点，研究“二战”后的对外直接投资发展史离不开对美国的研究；日本和韩国作为开放型国家的代表，其对外直接投资发展史具有鲜明的东亚特色，研究这两个国家的对外投资发展变迁，有助于为中国对外直接投资的发展提供更实用的经验；中国作为最大的发展中国家，其对外直接投资是逐步发展起来的，并且发展速度快，对发展中国家的对外直接投资的发展具有借鉴意义。

1.1.2　选题背景

改革开放以来，中国政府积极实施“引进来”战略，大力招商引资，使之成为中国经济崛起的重要力量。进入 21 世纪后，党和政府又制定了“走出去”和“引进来”并重的发展战略，鼓励中国企业“走出去”，充分利用国内国际两个市场，两种资源，提高国际竞争力。近年来，中国对外直接投资量的迅速增长及其表现出来的竞争力引起了国内外学者和媒体的高度关注。截至 2017 年年底，中国全行业对外直接投资存量达到 18090.4 亿美元，同比增长 33.2%，居世界第二位；对外直接投资流量达到 1582.9 亿美元，同比增长 19.3%，仅次于美国（3422.7 亿美元）和日本（1604.5 亿美元），居世界第三位。2002—2017 年中国对外直接投资的年均增长率达33.2%，特别是近两年对外直接投资占全球比重连续超过一成，中国已经跻身对外直接投资大国行列。

虽然中国的对外直接投资发展迅速，但是仍然存在着一系列问题：中国对外直接投资呈现出投资主体单一、投资手段单一、投资区域分布不平衡以及产业升级水平慢等问题。2017年党的十九大明确宣布中国特色社会主义进入了“新时代”，这是对中国特色社会主义进行的新的历史定位，在这种背景下，中国的对外直接投资也需要根据变化的国内国际环境进行历史和阶段定位。

1.1.3 选题意义

（1）理论意义

首先，采用经济史的视角研究一些主要国家的对外直接投资史，为中国当代对外直接投资的进一步发展提供历史借鉴和经济依据。在大多数关于对外直接投资的文献中，往往采用经济学的视角研究当代的对外直接投资问题，例如对外直接投资的影响因素、区位选择、投资效率等。本书拓宽了研究视角，即采用经济史的理论和方法研究“二战”以来一些主要国家的对外直接投资史，分析其发展的阶段特征及影响因素，同时也分析了新中国成立以来的对外直接投资发展史，通过对对外直接投资历史的分析，为“新时代”中国的对外直接投资发展提供借鉴。

其次，丰富了对外直接投资周期理论的相关文献。该理论是国际投资理论的进一步发展，并且仍为当代投资理论的前沿，国内有关该理论的实证文献数量还相对少，本书通过计量方法判定国家是否符合对外直接投资周期阶段理论的研究扩展了相关文献。

（2）现实意义

从国内形势来看，中国经济已经进入“新常态”，在创新、协调、绿色、开放、共享的新发展理念影响下，中国经济开始追求高质量发展。在此背景下，习近平总书记提出了“一带一路”倡议，以推进沿线国家产能合作、经济和文化交流，中国加速进行对外直接投资是推动“一带一路”建设的重要方面。另外，现阶段经过几十年的大发展，中国国内资本额巨大，中国开始既注重“引进来”又注重“走出去”，特别是 2013 年以来对外直接投资流量一直处在世界前列，中国在全球资本流动方面正在发挥着越来越重要的作用。对中国和世界主要国家的对外直接投资历史和发展进行研究，有助于把握世界对外直接投资的发展趋势，有效应对中国对外直接投资发展存在的问题。从国际形势来看，当前世界“逆全球化”趋势愈加明显，贸易保护主义依然盛行，单边主义十分猖獗，这些都严重制约了世界经济的复苏。国际直接投资一直是世界经济发展的重要推动器，通过研究几个主要发达国家对外直接投资的发展史，能够掌握其对外直接投资发展的一般规律，对于推动对外直接投资发展、促进世界经济发展具有重要的现实意义。

1.2 研究方法与框架安排

1.2.1 研究方法

第一，历史分析和经济分析相结合的方法。本书用历史方法着重梳理了中国、日本、美国和韩国在“二战”后对外直接投资的历史与发展，并用经济学的分析方法对其各个阶段特征进行了分析。

第二，定量和定性相结合的方法。首先通过对文献进行梳理，采用邓宁等人提出的对外直接投资周期理论构建经济计量模型；其次对中美日韩四国的对外直接投资的周期性进行验证，并采用定性分析法分析其阶段特征和定位。

1.2.2 框架安排

本书第 1 章为导论，主要界定了相关概念，并阐释了样本选择、选题背景、选题意义、研究方法和框架安排、创新点和不足等。第 2 章为理论基础与文献综述，详细阐述了对外直接投资理论的发展，并对研究对外直接投资周期阶段特征的理论与实证文献进行了梳理，为后文的分析奠定了理论基础。第 3 章采用国内视角论述了中华人民共和国成立后对外直接投资发展各个阶段的特征。第 4 章以国际视角分别论述了美国、日本和韩国的对外直接投资各个阶段的特征。第 5 章以对外直接投资周期理论为基础，通过实证分析，明确中国对外直接投资所处的历史阶段，同时对美日韩三国的对外直接投资阶段也进行了验证，发现美国和日本总体上不符合对外直接投资周期理论，韩国较为符合。第 6 章阐述本书的主要结论，以为中国对外直接投资的进一步研究提供方向。

1.3 创新与不足

本书在总结并借鉴前人有关对外直接投资研究的基础上，主要在以下几个方面有所创新。

第一，研究视角和方法的创新。用经济与历史相结合的视角和方法研究对外直接投资问题，在当代有关对外直接投资问题的研究，学者们大多都是运用近十年左右的数据和案例进行分析，用经济学方法解释对外直接投资出现的问题。而本书将研究对象的时间拉长，用经济史的视角和方法研究对外直接投资问题，分析中美日韩主要国家对外直接投资的阶段特征，从经济史视角阐释其形成原因。

第二，研究结论的创新。本书以邓宁等人提出的对外投资周期理论为基础，通过构建计量模型判断出中国对外直接投资所处的阶段，并对各个阶段的时间分界点进行了研究。结果发现：①中国对外直接投资周期已经进入第四阶段。②中国的对外直接投资流量第一阶段和第二阶段的分界点是 1997—1999 年；第二阶段和第三阶段的分界点是 2008—2009；第三阶段和第四阶段的分界点为 2015 年。③美国和日本不符合对外直接投资周期理论，韩国符合对外直接投资周期理论，韩国的人均 GDP 为 7634 美元时，实现了由第二阶段向第三阶段的转变，这个转变的年份大致在 1991—1992 年。

第三，数据的更新。本书搜集了中美日韩四国的对外直接投资数据，并按照分行业和分地区对投资数据进行了整理和分析。

本书的不足主要体现在两方面：首先是关于对外直接投资的定义存在差异，各国都有自己的标准，这对实证研究来说是存在一些不足的；其次，本书的数据都是宏观方面的，缺乏一些微观数据，这是今后对该问题进行研究所要注意的。

第2章
理论基础与文献综述

2.1 对外直接投资理论发展回顾

对外直接投资作为一项国际经济活动，其产生的历史并不长，它是在近代世界经济逐渐融合过程中出现和发展起来的。与对外间接投资相比来说，对外直接投资的发展水平远远滞后于对外间接投资。自 19 世纪 60 年代对外直接投资兴起后，其发展程度呈现出不断提高的态势，在第二次世界大战之后，尤其是 20 世纪 90 年代以来，对外直接投资呈现出前所未有的发展趋势，例如 2004—2018 年全球对外直接投资流量从 7300 亿美元增加到了 1.3 万亿美元①，增量巨大，其增长速度甚至高于全球 GDP 增长速度和国际贸易的增长速度，对世界经济的发展起到了重要的推动作用。在对外直接投资蓬勃发展的过程中，学者们从不同视角和不同出发点，并运用不同研究方法对对外直接投资进行研究，对外直接投资问题的研究成为学界的研究热点，学者们得到了关于对外直接投资的不同理论，但是从这些学者所提出的理论渊源来看，大致可分为三个类型：一是以马克思、列宁为代表的马克思主义学者对对外直接投资理论问题的相关研究；二是以国际贸易理论为基础的对外直接投资理论；三是以产业组织理论为基础的对外直接投资理论。

① 数据来源于联合国贸易和发展会议发布的《2019 年世界投资报告》。

2.1.1　马克思主义的对外直接投资理论

长期以来，学者们对对外直接投资理论的回顾往往只注重发达国家的对外直接投资理论，却容易忽视以马克思、列宁等为代表的马克思主义者的相关理论成果。其实，早在 19 世纪后期和 20 世纪初期，马克思和列宁就分别对对外直接投资理论进行了深刻的阐释。

（1）马克思关于对外直接投资的理论

马克思身处自由资本主义时代，因此他的理论学说都是在自由资本主义发展背景下提出的。在该时代，对外直接投资的发展程度远远落后于国际贸易和对外间接投资，但是也有了一定程度的发展，例如发展水平最高的英国在国外已经开始进行铁路运输、矿产开发等项目的直接投资。

马克思深刻地研究了社会生产的各个环节以及它们的运行机制，并且把对社会生产的研究延伸至国际范围内，提出了“生产的国际关系”，分析了国际分工、国际交换和资本的国际运动等问题①。生产的国际关系是指人们的物质资料生产活动突破一个国家或地区的地理限制，从而在全球范围内开展的关系形式。对外直接投资本质上属于一种生产的国际关系，因为其生产过程主要在国外进行，与国外具有紧密的联系。

生产的国际关系理论由国际分工学说和资本的国际性质学说两个部分组成。马克思对国际分工的形成进行了详细的分析：社会分工是随着社会生产力的不断进步而发展，人类历史上有过三次社会大分工，第一次是畜

①［德］马克思：《资本论》，人民出版社 2004 年版，第 279 页。

牧业从农业中分离出来，第二次是手工业从农业中分离出来，第三次是商业从农业中分离出来，每次社会大分工都由于生产力的推动而出现，同时反过来又推动了社会生产力的进步。近代以来，随着科学技术的进步和生产工具的革新，人类社会分工在地理界线上有了突破，由局域生产逐步扩展至全球，资源在世界范围内进行配置，商品交换规模空前扩大。马克思的国际分工理论为研究对外直接投资的形成与发展提供了重要的指导作用。在国际分工高度专业化的今天，对外直接投资仍然需要借鉴马克思的国际分工理论，企业要想做大做强，取得较好的经济效益，需要参与国际分工，充分利用国内国际两个市场、两种资源。

资本的国际性质学说是马克思生产的国际关系理论的另一个主要内容，马克思认为：随着社会生产力的进步，生产开始突破地理限制，出现国际化的大生产，这也形成资本在世界范围内进行流动的境况。在资本流动期间，根据对资本、技术、劳动力等社会生产要素的控制程度，对国际资本的性质作出判断。例如，资本主义企业在国外进行投资建立企业，对企业的生产要素的使用具有完全控制权，因此这样的企业和国际资本具有资本主义性质。同理可知，社会主义企业在国外投资开办企业，其管理和资本都具有社会主义的性质[①]。在当代一些国际投资已经超越了这两种分类，如多国籍联合企业的出现。由于所处时代的局限性，马克思没有考虑到这种特殊情况。

除了生产的国际关系理论外，马克思还提出了以下三个和对外直接投资相关的观点：一是资本输出的根本原因是资本的逐利本性，资本从一开始就是为了获得剩余价值和利润，哪里存在剩余价值和利润，资本就会进

①［德］马克思：《资本论》，北京人民出版社 2004 年版，第 285 页。

入哪里。为了最大限度获得利润，资本家不仅在国内市场进行投资，在具备一定社会条件后，也开始在国际市场上寻找利润；二是资本输出的前提和基础是资本过剩，在资本主义社会，既存在着相对于支付能力的生产过剩和劳动力过剩，又存在着相对于平均利润率下降的资本过剩，在这种情形下，资本家为了获得利润，开始将资本投向国际市场，在世界范围内寻求剩余价值和利润；三是资本输出加强了世界经济的联系，通过资本输出，资本主义国家控制了落后国家的原料和市场，将落后国家纳入到资本主义国家主导的世界体系之中，世界各国联系逐渐加强。

综上所述，马克思关于生产的国际关系理论和与对外直接投资相关的一些观点都应作为具有马克思主义特色的对外直接投资理论，这些理论主要从生产关系方面进行阐述，是一种具有高度概括性的指导性理论，为马克思之后的学者展开对外直接投资的研究提供了思想来源和理论基础，因此其可以作为对外直接投资理论的理论渊源之一。

（2）列宁关于对外直接投资的理论

马克思生产的国际关系理论是对外直接投资理论的雏形，它的理论意义高于现实意义，而后其思想的继承者列宁发展了马克思的对外直接投资理论，提出了帝国主义阶段的资本输出和垄断同盟瓜分世界的较为接近现实、具有马克思主义特色的对外直接投资理论。

在 19 世纪末 20 世纪初，自由资本主义被垄断资本主义所取代，主要资本主义国家先后进入到帝国主义阶段。在这种背景下列宁提出了帝国主义阶段的资本输出理论。列宁认为资本输出具有两个前提条件：一是随着生产力水平的提高，资本加速周转和积累，出现了私人垄断资本和国家垄断资本，例如在西欧出现了工业和银行业的垄断，他们获得了大量的垄断利润，另外，由于小生产者日益贫困，出现购买力水平下降，导致国内市场日益萎缩，因此出现了大量的“过剩资本”；二是许多落后国家在受到帝国主义国家影响下，国内自然经济出现解体，小生产者出现分化现象，导致国内市场主体出现缺位，因此帝国主义开始了资本输出，大量的相对过剩资本在全球范围内流动。

列宁认为帝国主义进行资本输出的根本目的是获得垄断利润，列宁对帝国主义国家的资本输出进行了形式上的分类，他认为以英国为代表的一些国家是生产形式的资本输出，表现为在国外开设企业、修建铁路和采矿，以法国为代表的一些国家表现为借贷资本输出，即为获得高额利润，政府或企业对外进行贷款。列宁在当时背景下就发现了资本输出的不同形式，也成为当代对外投资理论中划分投资方式的理论基础。例如，以英国为代表的投资形式是对外直接投资的方式，而以法国为代表的投资形式则更多地体现为金融证券投资。

以马克思、列宁为代表的马克思主义学者对对外直接投资理论具有一定的认识和总结，他们从本质上认清了对外直接投资。马克思是在资本主义处在自由资本主义阶段的背景下提出的资本输出理论，而列宁是在资本主义进入垄断时代提出的资本输出理论，他们都深刻地分析了资本输出的根本目的和前提条件，这对一些国家的对外直接投资活动具有指导意义，同时也为他们之后的学者研究对外直接投资提供了相关的理论基础。

2.1.2 以国际贸易理论为基础的对外直接投资理论

比较优势理论是传统国际贸易理论的核心学说，这一学说最早出自英国经济学家大卫·李嘉图，在他之前国际贸易理论遵循的是亚当·斯密的绝对优势学说。比较优势理论与绝对优势理论相比，更能够解释现实世界的经济现象，因此比较优势理论逐渐得到学者们的认同并且得到了进一步的发展。1919 年瑞典经济学家赫克歇尔和其学生俄林发展了比较优势学说，提出了 H-O 模型，之后美国经济学家萨缪尔森进一步发展了 H-O 模型，建立了要素禀赋理论（H-O-S 模型）[①]。与大卫·李嘉图的比较优势理论相比来说，要素禀赋理论是将要素在量上的差异作为比较优势的来源，而要素的生产效率相一致，李嘉图的比较优势学说将比较优势归结为生产要素的差异，即生产效率的差异。

尽管对外直接投资与国际贸易是两种不同的经济现象，但是其本质上仍然有一些联系，因此一些国际贸易理论和学说被应用到对对外直接投资的分析之中，其中关于对外直接投资的理论中，利用比较优势的变化来进行分析的理论较多，代表性的有产品生命周期理论和边际产业扩张理论。

产品生命周期理论。早在 1966 年的《Quarterly Journal of Economics》期刊上，弗农就阐述了产品生命周期理论。之后他对产品生命周期理论进行了一系列的修改和完善。弗农将产品生命周期分为初创期、成熟期和标准化三个时期，在每个时期产品生产和营销地都不尽相同。在产品的初创时期，需要进行研发和生产，而发达国家拥有较高的技术水平和生产条件，因而产品一般都由发达国家率先生产和消费；在产品的成熟时期，发达国家对产品的生产能力进一步提高，导致产品在发达国家的市场趋于饱和，产品开始向发展中国家出口；在产品的标准化时期，发达国家已经不再生产该种产品，发展中国家利用本国的劳动力等比较优势进行产品的生

① 苏巧勤、胡云清：《国际贸易》，北京理工大学出版社 2016 年版，第 66 页。

产并出口到发达国家。产品生命周期理论说明了时间也是比较优势的一个重要来源，产品生命周期变化体现比较优势随时间的变化而在各国间的变化。产品生命周期理论能够很好地解释20世纪50—60年代美国制造业对外直接投资的发展变化[①]。

在20世纪50年代，美国一些制造业生产的产品处于初创期，在该阶段制造业企业通过投入智力资本进行技术研发，生产出新产品，但是由于产品问世时间短，存在着一定的技术缺陷，产品样式也尚未定型。另外，一般美国制造业企业在此时期规模较小，生产能力较弱，仅仅能够满足国内市场，所以这些制造业企业只能将生产地点放在美国本土，这样首先可以获得先进技术用来改进产品质量，其次可以便利地整合包括消费对象、消费渠道和消费偏好等市场信息，为扩大市场份额提供信息支持。由于该阶段其他发达国家没有掌握生产该产品的技术，无法进行生产，需要从美国进口，因此美国保持着垄断地位。当美国制造业企业生产的产品处在成熟期后，随着产品已经进入稳定生产阶段，消费者来自全球，需求量猛增，但是由于需求的价格弹性也在增大，同时模仿者和替代产品也纷纷出现，导致美国制造业企业生产该产品的垄断优势显著减弱，价格竞争成为主要竞争方式，国内竞争激烈，因此在此阶段美国制造业企业在本国已经无利可图，需要在国外开设企业，扩大销售市场。在20世纪50年代，由于西欧刚刚走出“二战”阴影，迫切需要发展生产。另外，西欧仍然具有较好的生产技术和经验，同时具有和美国相似的消费者偏好，因此美国把

① 王清平：《经济全球化背景下美国对外直接投资研究》，中国财政经济出版社2006年版，第16页。

大量的制造业转移到了西欧[①]。当美国制造业产品进入标准化阶段后，产品生产技术已经公开，产品已经采用标准化的生产方式进行生产，美国制造业企业没有了垄断优势，价格竞争起着决定性的作用，因此美国制造业企业需要到劳动力等生产要素价格低的地方投资设厂，以降低生产成本，获得更多的利润。在该阶段美国制造业企业转移到一些发展中国家和地区，而后把生产的产品返销到美国或者出口到其他国家和地区。

弗农的产品生命周期理论能够对美国制造业在“二战”后的区位选择有很好的解释力，但是该理论也存在着一定的局限性。第一，该理论所阐释的产品制造企业地区转移的三阶段模型无法有效解释 20 世纪 70 年代后产生的一批直接投资于国外而没在本国进行生产的企业；第二，该理论对美国 50—60 年代制造业的区位选择解释力较好，但是无法解释其他一些国家的对外直接投资。例如，日本的制造业对外直接投资一开始就投向发展水平较低的东南亚地区；第三，该理论认为由于技术优势的减弱导致比较优势的丧失是进行对外直接投资的基础，但存在不符合该情况的跨国企业。

边际产业扩张理论。边际产业扩张理论是日本经济学家小岛清提出的，他以国际贸易理论为基础，以日本 20 世纪 60—70 年代的对外直接投资为研究对象，在对外直接投资理论中独树一帜，开创了研究对外直接投资理论两大派别之一的日本学派（另一派是以英国经济学家邓宁为首的里丁学派）。小岛清的边际产业扩张理论内容主要见于其著作《日本的海外

① 陈继勇：《美国对外直接投资研究》，武汉大学出版社 1993 年版，第 54 页。

直接投资》[①]《跨国公司的对外直接投资》[②] 和《对外贸易论》等[③]。

小岛清认为，国际分工原则遵循大卫·李嘉图所论述的比较优势理论，但是他进一步认为劳动生产率的差异会导致成本的差异和利润率的差异，而这种差异与比较优势理论是相一致的，因此小岛清认为以比较优势理论为基础的国际分工原则既可以用来解释国际贸易问题，也可以用以阐述对外直接投资问题。

小岛清的边际产业扩张理论需要两个基本前提：第一，两国之间存在不同的生产函数，这是由于生产水平的差异导致产业在国家间的流动；第二，对外直接投资是一国的综合体的特定企业向另一国进行的转移，并能够在东道国稳定下来。小岛清认为，一个产业部门在母国失去比较优势后，即成为该国的边际产业，需要向该产业部门仍为优势产业的东道国转移，这样既可以解放母国的生产要素并把它们划入比较优势更显著的产业部门，又可以使得东道国通过吸收转移产业的技术、管理等提高经济发展水平。因此这样的对外直接投资不仅可以改善两国的产业结构，同时还可以促进两国贸易的协调发展，小岛清认为一国需要从比较劣势产业部门开始对外直接投资并依序进行。

小岛清把对外直接投资分成两种形式：日本式的贸易互补型和美国式的贸易替代型。他认为日本的对外直接投资可以创造和拓展日本的对外贸易，即对日本的对外贸易具有正向影响，因为这一类按照边际产业顺序进行对外直接投资，既能够充分发挥东道国有关产业的比较优势，增加利润

①［日］小岛清：《日本の海外直接投資》，文英堂 1985 年版。

②［日］小岛清：《海外直接投資のマクロ分析》，文真堂 1989 年版。

③［日］小岛清：《对外贸易论》，南开大学出版社 1987 年版。

和扩大出口，又可以使得母国从东道国进口相关产品从而获得更多利润。而像美国那样不是以边际产业为序进行对外直接投资，会导致把具有比较优势的产业转移到国外，从而对贸易产生抑制作用[①]。

边际产业扩张理论采用宏观视角研究了日本 20 世纪 60—70 年代的对外直接投资，具有一定的说服力，该理论与日本的对外直接投资的特点有着显著的关联性，首先日本的对外直接投资确实遵循国际分工和比较优势原则，由于日本国内自然资源严重不足，资源开发产业成为日本的边际产业，通过对外投资这些产业可以增加日本和东道国的贸易，因此有利于日本对外直接投资的发展；其次日本对外直接投资企业大多数为中小型企业，企业力量较弱，因此需要选择与其技术水平差异小的产业依次进行；最后是日本对外直接投资的方式主要为合资经营，这种方式更容易被东道国所接受。

由于边际产业扩张理论是在具有一定前提假设条件的 H-O 模型下对对外直接投资进行的宏观分析，一定程度上忽视了作为微观主体的企业的作用，因此这一理论具有一些显著缺点：第一，该理论不具有普遍适用性，它主要是基于日本对外直接投资的实践观察并进行理论总结，因此只适用于日本特定时间段内的对外直接投资，对日本 20 世纪 80 年代之后的对外直接投资发展的许多新情况则缺乏解释力。第二，小岛清的边际产业扩张理论忽视了关税引致投资问题[②]。

弗农的产品生命周期理论与小岛清的边际产业扩张理论都是从宏观视

①［日］小岛清：《对外贸易论》，南开大学出版社 1987 年版，第 29 页。

② 张宗斌：《日本大规模对外直接投资的经验教训及借鉴研究》，经济日报出版社 2015 年版，第 26 页。

角来研究对外直接投资的决定问题，并且这两种理论都基于市场处于完全竞争状态的前提假设，但是完全竞争的市场环境脱离现实，所以他们没有成为对外直接投资理论的主流。主流理论以不完全竞争为前提条件，运用产业组织理论，从微观主体层面研究对外直接投资。

2.1.3 以产业组织理论为基础的对外直接投资理论

产业组织理论，主要研究一个产业部门或行业在不完全竞争条件下的企业行为和市场结构，并对资源利用效率进行评价，为企业提高经营水平并充分利用资源提供理论支持。20 世纪 30 年代美国经济学家梅森通过把有效竞争标准分为市场结构标准和市场绩效标准，提出了产业组织的理论体系和研究方向。之后其学生贝恩于 20 世纪 50 年代发展了梅森的学说，形成“结构—行为—绩效”三分法的理论体系并使得完整的 SCP 分析范式得以确立①。市场结构是指一个产业所处的市场结构，一般有效竞争市场结构的标准是行业集中度不高，企业容易进入该行业；市场行为是指该产业中企业的市场行为，一般有效竞争市场行为的标准是没有价格、产品共谋；市场绩效则是指该产业的经济效益、产业的增长率等，一般有效竞争市场绩效的标准是适宜规模、销售费用比重不存在过高的现象。

市场结构作为产业组织理论研究的出发点，它能够决定该产业中各企业的行为，进而影响该产业业绩的好坏。市场结构具有完全竞争和非完全竞争两种形式。完全竞争的市场结构是一种理想的状态，在现实世界中几乎不存在，但是通过研究完全竞争市场结构，可以为研究不完全竞争市

① Bain，J.S. Industrial Organization: A Treatise. 2nd Edition[M].John Wiley，London，1959.

场结构奠定理论基础。不完全竞争的市场结构按照垄断强度由弱到强可分为垄断竞争市场、寡头市场和垄断市场，因为制约市场完全竞争的约束存在，导致市场不完全，因此后入企业几乎很难进入市场或者需要付出高昂成本才可进入市场，这就导致先入市场的企业具有了垄断竞争优势。

当代对外直接投资主流理论中的垄断优势论、内部化理论以及 OLI 理论，基本上都是采用微观视角、以垄断优势为出发点来论证其理论，所以将这些理论称为以产业组织理论为基础的对外直接投资理论。

（1）垄断优势理论

垄断优势理论又称为特定优势理论，由美国学者斯蒂芬·海默最先提出[①]，他认为对外直接投资是由于结构性市场不完全导致的，企业在不完全竞争市场下能够获得诸如技术优势、规模经济优势等从而促进企业进行对外直接投资。20 世纪 70 年代麻省理工学院的金德尔伯格对海默提出的垄断优势理论进行了补充和完善，形成了所谓的“海默—金德伯格传统”[②]。

海默在研究中发现利率差异不能解释美国当时对外直接投资出现的一些问题：例如，美国许多大型企业到东道国建立企业、美国企业对外直接投资集中于汽车、化工等制造业、美国金融市场汇入大量外国资本等。通过对这些问题的分析，海默认为企业进行对外直接投资的原因应当不是由于利率差异，应该另有原因。后通过进一步研究，海默认为进行对外直接投资的企业应该具备一些东道国不具有的特殊优势，这些优势能够降低制度、政治、文化等差异带来的负面影响，降低企业对外直接投资的成本。

① S.H.Hymer: International Operation of National Firms: A Study of Direct Foreign Investment，MIT press，1976.

② Kindleberger，Charles P.:Monopolistic Theory of Direct Foreign Investment，In international Political Economy，1975.

这些特殊优势被称为垄断优势。金德尔伯格进一步把这些垄断优势归结于产品差异等导致的产品市场的不完全、专业技术等形成的要素市场的不完全以及由于规模经济引起的市场不完全等三种形式的市场不完全性。

市场不完全竞争不仅是海默和金德尔伯格垄断优势理论分析的出发点，同时也是他们的理论基础。在完全竞争的市场结构中，厂商具有相同的资源禀赋和获得生产要素的相同权利，它们生产同质产品，并且与其相同的厂商数量极多，任何厂商都不具备控制市场的能力，因此也无法产生垄断优势，在这种背景下对外直接投资不会出现。只有在市场存在不完全性条件下，才能使得企业获得某种特权和优势，从而产生垄断势力，通过将生产扩展至国外而加以充分利用。在所产生的优势中，海默和金德尔伯格特别强调技术优势，主要包括知识、生产技术诀窍、信息等，通过生产新产品，提高产品特异化能力，提高企业组织管理化能力把技术优势转化为垄断优势，提高企业对外直接投资能力。

海默和金德尔伯格所提出的垄断优势理论摒弃了传统的完全竞争市场的研究假设，提出更符合实际的不完全竞争的研究假设，他们以不完全竞争和垄断优势作为研究对外直接投资的基础，具有很强的开创性。但是垄断优势理论仍然具有以下不足：第一，从理论解释力来看，垄断优势理论是以美国、西欧等国家的对外直接投资为研究对象，这些国家的企业实力强，能够形成垄断优势，而对一些发展中国家来说，企业无法形成垄断优势，因此它无法解释发展中国家的对外直接投资问题；第二，从研究方法上来看，垄断优势理论主要为经验分析，缺乏实证研究。

后来一些学者对垄断优势理论进行了补充和完善，提出了许多重要观点和结论，其中具有代表性的为核心资产论和寡占反应论。

核心资产论。一些学者认为市场不完全性表现为三种形式：产品市场的不完全、要素市场的不完全以及规模经济形成的市场不完全。而前两种市场不完全的形成主要来自企业对如专利、技术等无形资产的排他性占有，而技术、信息和知识又是无形资产中最主要的部分，因此它们被称为企业的“核心资产”，企业通过对核心资产的占有进而获得垄断优势。

核心资产论存在着不同的理论解读。一类是以约翰逊为代表的学者们认为技术和知识的专用性是企业的核心资产，决定着企业的垄断优势。例如，约翰逊在其《国际公司的效率与福利含义》[①]《技术与经济独立》[②] 等文章中认为技术和知识的专用性能够成为制约他人模仿、增强自身垄断优势的重要手段和方法。跨国企业依靠知识和技术的内部转让，保持其竞争优势。另一类是以美国经济学家凯夫斯为代表的学者们认为产品的异质性反映出厂商创造差异产品的能力，这也是企业的核心资产，影响企业的垄断优势。例如凯夫斯在其文章《多国厂商、竞争及在东道国市场上的劳动生产率》[③] 和《国际公司：对外投资的产业经济学》[④] 中强调生产差异化的产品能够提高垄断优势和对外直接投资能力。

寡占反应论。垄断优势理论发展的另一个代表理论是寡占反应论，它是由美国学者尼克博克（Frederick T. Knickerbocker) 提出的，他通过对美国 187 家跨国企业对外投资行为进行研究，发现美国对外投资企业具有集

① Johnson, H.G:The Efficiency and Welfare Implications of the International Corporation, in Charles P. Kindleberger ed., The International Corporation，1974.

② Devor D S，Johnson H G : Technology and Economic Interdependence, Technology and Culture，1978，19(2):241.

③ R. E. Caves: Multinational Firms，Competition and Productivity in Host-Country Markets，Macmillan，London，1974.

④ Richard E. Caves: International Corporations: The Industrial Economics of Foreign Investment，Economica，38(149):1-27.

体行动的特点，即几家同行业企业同时或先后在同一地区进行投资[①]。尼克博克认为市场上存在着一些由几家企业控制的寡头垄断行业，在这些行业里寡头企业互相警惕对方，任何一个寡头企业采取经济行动，其他企业会纷纷做出反应，以求缩小差距，降低风险，保持行业内各寡头企业的势力均衡。当美国某些寡头企业进行对外直接投资时，该行业中其他企业就会在东道国的市场出现萎缩、利润下降，同时企业间的平衡被打破，因此其他企业会纷纷追随对外直接投资的企业在其投资地进行投资设厂。寡占反应论可以解释大规模企业在较短时间内的集中对外直接投资现象，但是它无法分析带头企业到国外进行投资的原因[②]。

（2）内部化理论

内部化理论以交易成本为分析工具研究对外直接投资决策的理论。垄断优势理论认为，由知识、信息、技术等形成的垄断优势是企业进行对外直接投资的动因，但是这些具有价值的资源为何不作为商品在外部市场出售，却要以内部交易的方式转移到国外投资的企业之中，这需要内部化理论进行解释。

内部化理论的思想来源于科斯，之后由威廉姆森等人发展而提出交易成本学说。科斯认为企业不是一个把投入转为产出的“黑箱”，而是与市场一样都是配置资源的一种方式，并且两者能够相互替代。企业除了生产，还要从事如人员培训、营销、研发等活动，这些活动都需要与市场相联系，但是企业利用市场要支付费用，这就形成了交易成本。一般而言，企业在非完全竞争市场下实现经济活动需要付出更高的交易成本，而如果它们可以把一些经济活动纳入企业内部，依靠行政管理取代市场机制，这

① Frederick.T. Nickerbocker: Oligopolistic Reaction and Multinational Corporation，Harvard University Press，1973.

② Frederick.T. Nickerbocker: Oligopolistic Reaction and Multinational Corporation，Harvard University Press，1973.

样就可以降低交易成本，这就是科斯的内部化思想。

内部化理论来源于科斯，同时又有所发展，其中代表性的学者有英国经济学家 P.J. 巴克利和 M.C. 卡森，他们在其著作《多国企业的未来》中阐释了内部化理论[①]。后来学者们对其进一步发展，当前内部化理论主要包括以下几个方面：第一，内部化产生的根源是由于市场失灵，这种失灵主要由于中间产品的特性与市场配置资源的机制之间的矛盾导致的。中间产品由于其本身的特性一般无法直接在市场上进行配置。内部化理论认为如技术、管理、信息等中间产品具有整体性、专用性和共享性特点，这导致企业无法利用外部市场进行交换，因此只有利用内部化。内部化理论主要探讨的就是中间产品。第二，企业特定因素、行业特定因素、国别因素和区域因素等决定了市场内部化，其中企业特定因素和行业特定因素是主要方面。例如，链条式行业的中间产品如果由不完全的市场来配置，则企业不仅会支付巨大的交易成本，还要面临一定的市场风险，所以，企业如果可以实行中间产品的内部交易，内部化就会出现[②]。

在解释对外直接投资问题时，内部化理论认为对外投资企业对知识、技术等中间产品享有完全控制权，但是由于这些中间产品是无法进行市场配置的，因此企业需要进行直接投资而不是发展贸易。像知识、技术等中间产品价格只能通过使用得以确定，同时需要制约模仿者以极低的成本获得中间产品，因此企业需要内部化市场进行对外直接投资。内部化理论具有较强的解释力，但是内部化理论也无法解释企业为何不在本国内发挥其

① Buckley，P and M ，Casson:The Future of the Multinational Enterprises，London:Macmillan，1976.

② Rugman，A.M: Inside the Multinationals: The Economics of Internal Markets，Columbia University Press，New York，1981.

内部化优势，另外该理论也无法解释对外直接投资的区位选择问题。

国际生产折中理论。国际生产折中理论是英国里丁大学经济学教授邓宁（John H.Dunning）提出的，他基于学术界研究对外直接投资时未将区位因素纳入理论之中，提出把所有权优势、内部化优势和区位优势三者结合起来，创立了国际生产折中理论。之后他又通过撰写一系列文献，对其国际生产折中理论进行了补充和完善。

邓宁的国际生产折中理论博采众长，吸收了现代经济学的厂商理论、产业组织理论和区位理论等，同时还容纳了内部化理论和资源禀赋理论等，形成了由所有权优势（Ownership Advantage）、区位优势（Location Advantage）和内部化优势（Internalization Advantage）三项组成的 OLI 范式。其中所有权优势又名为“垄断优势”，主要吸收的是垄断优势理论的相关理论观点。所有权优势主要包括两类：一类是拥有如技术、知识、商标等无形资产能够获利的优势；另一类是对外投资企业能够使用国际资产网络所形成的优势。内部化优势是指对外直接投资企业为降低交易成本，在内部运用自己的所有权优势完成资源配置。邓宁的内部化优势在继承内部化理论的基础上又有所创新和发展。区位优势是独立于企业自身的外部环境，主要是东道国所具有的优势特征。这是第一次把企业的内外部结合起来研究，区位优势体现在两个方面：首先是由东道国的“硬件”如资源禀赋等所带来的优势，其次是东道国的“软件”如政治经济制度、政策法规等构成的优势。邓宁把对外直接投资分成三种主要类型：市场寻求型、资源寻求型及效率寻求型①。后来邓宁又把战略资产寻求型纳入分类之中，形成四种类型。

---

① John H. Dunning : Explaining International Production，Unwin Hyman Ltd.，London，1988.

2.1.4　对外直接投资周期理论

（1）投资发展周期理论

邓宁在建立国际生产折中理论后，又提出了投资发展周期理论（Investment Development Cycle，or，Investment Development Path，IDP）[①]。邓宁认为，一个经济体的净对外直接投资是该经济体经济发展程度的函数。能够反映经济发展程度的指标主要有：人均 GDP、城市化率、非农人口比例，等等。其中人均国民生产总值最能够体现发展程度。一国在投资发展周期中所处的阶段，或者说一经济体鼓励从事对外直接投资或吸收外国直接投资的倾向，取决于三个因素：一是它的经济发展程度，二是它的市场结构及资源禀赋，三是中间产品跨国交易的市场不完全的性质及其不完全的程度[②]。

邓宁的 IDP 理论认为，伴随着经济发展和人均国民生产总值的提高，一经济体的净对外直接投资表现出周期性的规律，即其净对外直接投资将经历五个发展阶段。邓宁认为，第一阶段是经济体对外直接投资发展的初始阶段，在该阶段经济体的对外直接投资额和吸引外资额都很小，净对外直接投资额为零或是接近零的负数。具体来看，一方面，由于经济体一般处在经济发展的初级阶段，人均 GDP 很低，国内市场有效需求不足，劳动力素质不高，导致经济体区位优势不足，几乎很难吸引到外商直接投资；

① 该理论又被称为对外直接投资路径理论，本书统一称为对外直接投资周期理论。

② John H. Dunning : The investment development cycle revisited，Weltwirtschaftliches Archiv，1986，122(4):667-676.

另一方面，由于经济体经济和科技水平的落后，导致本土企业基本上没有技术积累，无法形成所有权优势，因而企业无法进行对外直接投资。

邓宁认为，处在对外直接投资第二阶段上的经济体，总体上看经济水平仍然较低，但人均国民生产总值有所增长，外商直接投资实现增长，对外直接投资开始增加，但是增长速度低于外商直接投资的增长速度，净对外直接投资额仍为负值并且绝对值继续增加。具体来看，随着经济的发展，国内市场逐渐成长，有效消费需求增多，交通通信等基础设施更加完善，劳动力素质得到提高，使得经济体的区位优势增加，外国企业凭借技术、品牌等无形资产所形成的所有权优势，与该地区的区位优势相结合，形成对该区的大规模直接投资；处在该阶段的国家和地区政府制定相关的政策为企业积累自主产权创造了条件，企业生产开始向半熟练技术和中等知识密集型的产业发展，本土企业的所有权优势开始增加。该阶段企业对外直接投资通常采取两种形式：一是到相邻国家和地区进行以资源、市场寻求型为动机的直接投资或与贸易相关的直接投资，一般展开直接投资的经济体发展水平要高于东道国，使资本得以输出；二是到发达国家和地区以获得战略性资产为目的的直接投资。

邓宁认为，在对外直接投资周期的第三阶段，外商直接投资和对外直接投资速度都在增长，可是对外直接投资的增长速度要高于外商直接投资的增速，因此尽管净对外直接投资额仍为负值，但是其已经转入正增长。具体来看，处在对外直接投资周期第三阶段的经济体，其生产力水平和管理能力已基本接轨国际标准，国内企业的资金、劳动力、技术和管理等所有权优势增强，同时随着国内居民收入水平大幅提高，消费者对高档商品的需求快速增加，导致外资企业的所有权优势发生变化，其更加注重输入新技术，并转向高技术、高附加值的技术密集型行业的生产。另外，随着东道国增加对教育、职业技能培训等的投入，为外商直接投资企业所有权优势的更新创造了条件。外商直接投资企业通过新技术、营销与管理的所有权优势开发无形资产。经济体本土企业的所有权优势同样发生改变，它们对政府保护性措施的依赖程度降低，它们通过开展跨国经营学习了外资企业的先进管理经验。这些企业除了最顶尖的高新技术领域之外，其具有的所有权优势已经和发达国家的企业基本一致，它们对处在对外直接投资周期第一阶段和第二阶段国家的直接投资，既有市场寻求型投资，也有贸易替代型直接投资。

邓宁认为，当一个经济体的对外直接投资进入第四阶段，对外直接投资额高于外商直接投资额，并且前者的增长速度快于后者，净对外直接投资数值为正，并且不断增大。处在该阶段的经济体，其区位优势来自自主创新能力。本土企业不仅可以与在母国具有竞争优势的外资企业在国内展开竞争，同时还可以打入国外市场。流入这些经济体的外商直接投资主要为处在较高阶段国家和地区的资产寻求型的直接投资，具有后续性的、追求合理化投资的性质，这些企业的所有权优势是交易性的而非资产性的。另外，也存在一些来自较低发展阶段国家和地区的直接投资，这类直接投资通常是市场寻求型、有关贸易和战略资产寻求型的动机。对外直接投资持续增加，一方面为了保持竞争优势，把正失去竞争力的企业转移到较低发展水平的国家和地区，另一方面为了规避外国设置的贸易壁垒。为获取所有权优势和利益，企业具有市场内部化倾向。由于同在该阶段经济体的企业具有相同或相似的所有权优势，这强化了行业内部的组织生产，发挥了跨国公司组织行业内部生产和贸易的作用。该阶段政府的角色也出现转变，在发挥好其弥补市场缺陷、创造有利于公平竞争的规章制度的同时，需要推动产业结构调整、技术结构升级，培育新产业，退出夕阳产业，减少交易成本。在该阶段国家之间由于处于相同的资源和产能结构而面临激烈的国际竞争，因此政府在政策制定上应该采取一种更加战略性的姿态来应对。

邓宁认为，在对外直接投资周期的第五阶段，一个经济体的净对外直接投资先降低，而后又开始在零值附近震荡，同时存在着规模大、效率高的资本进入和流出。相较于前四个阶段，该阶段受到经济发展水平的影响程度迅速降低，以人均国民收入为指标衡量经济发展阶段已无法反映该阶段优势的变化，对外直接投资水平与收入水平的变动趋势不再保持一致。处在这一阶段的经济体可以依靠更多的资产优势在全球范围内进行资本运作，同时分享大部分资本流动和区位优势带来的利益。20 世纪 90 年代后的美国对外直接投资就属于这个阶段（Dunning and Narula，1996）。

（2）竞争优势阶段理论

在竞争发展阶段理论中，波特提出了四个具有明显特点的国家发展阶段，分别是资源要素驱动阶段、投资驱动阶段、创新驱动阶段和财富驱动阶段。前三个阶段，国家的竞争优势是不断增强的过程，经济持续发展，生产力不断提高。第四个阶段往往是竞争优势消退，经济走向衰退的阶段。具体来看，在资源要素驱动阶段，按照波特的原话，即是“国家处于竞争发展的起步阶段，所有的企业只从最基本的生产要素中获得竞争优势来取得成功。不论是自然资源、栽培庄稼的土地、气候，还是丰富的半熟练劳动人口”。[①] 这段话完整地概括了这一阶段的特质。在投资驱动阶段，国家的竞争优势在于企业主动投资的意愿能力，以及国家进行基础设施建设、改进投资环境的政策。增长的技术工人数量和不断提高的消化先进技

①［美］迈克尔·波特：《国家竞争优势》，华夏出版社 2002 年版，第 46 页。

术的能力，导致这一阶段国家竞争能力不断上升。在这个阶段经济不容易受到全球经济和金融市场波动的冲击，但是基础依旧薄弱。在创新驱动阶段，企业不仅消化和吸收其他国家企业的先进技术，而且开始自主创新研发。更多的一流服务被企业创造和提供，越来越多的市场需求被企业所满足。这一阶段国家对宏观经济变化有很强的适应能力。在财富驱动阶段，人们创新的意愿减弱，更多地采用财务投资的方式完成对外投资。典型的特征是广泛的收购和兼并活动，造成进步的幻觉。这种行为方式最终导致整体经济的衰弱。值得注意的是，波特认为一个国家和地区的竞争优势体现在该国家和地区的国民生产总值或者可与竞争对手相比较的增长速率之中。所以，从一定程度上而言，波特的理论是对邓宁理论根据发展阶段模型划分优势来对一国对外直接投资动态变化分析的方法论支持。

（3）小泽辉智的对外直接投资发展模式

日本学派的代表小泽辉智，在分析中较少地强调 OLI 的决定意义，而是对波特的思想进行了大量的汲取。波特的每一周期阶段的要素需求特点，经过小泽辉智的进一步研究，使得后者提出了一种非 OLI 范式的动态国际直接投资发展模式。他在《第三世界资源开发中的海外投资新模式》《跨国公司和亚太经济发展的雁行模式》等论文中提出[①]，各个国家和地区应该利用对外直接投资这一手段来实现各自的比较目的，推动经济结构转型升级。小泽辉智的观点十分具有逻辑性，他认为各国的发展水平是具有科层结构的，从经济史的角度来看，各个国家在不断地相互交替变换位置，落后国家不断地迎头赶上发达国家，这本身就标志着以经济发展阶段、国民财富程度为标志的分层结构的存在。小泽辉智在这个基础上提出

① 曹荣光：《后危机时代中国企业跨国直接投资战略选择》，中国经济出版社 2014 年版，第 30 页。

了科层结构外部性的概念，认为发展中国家必须使其经济优势态势与发达国家保持一致，按照相同的模式顺序升级产业，后者的外部性才能产生积极作用。具体来说包括：第一，资源及劳动等要素驱动阶段的国家，外国投资一般是劳动力或资源导向型；第二，如果一国开始从劳动力向投资驱动过渡，那么这一阶段资本品和中间品行业会吸收较多的外商投资，同时劳动力密集型行业会产生对外直接投资的情况；第三，类似地，在一国从投资向创新驱动的过渡时期，密集技术产业会吸收较多的外商投资，并且这一阶段也会产生更多的在中间品行业的对外直接投资。

显然，这种经济阶段的划分是由一国工业化所必需的几种主要要素禀赋程度的变化所决定的。国家经济结构优化、经济增长是与人力、物质资本积累同时发生的。人力资本和人均的物质资本的储备与人均 GNP 是正相关关系。小泽辉智的研究中认为，不同周期阶段的对外直接投资有以下的特点：第一，对发展中国家情况的分析中，其假定的经济基础与刘易斯 (Lewis, A.，1954) 的不谋而合，即劳动力的供给是不会枯竭的[①]。第二，国家实行出口导向型发展战略，经济外向型明显，贸易作用非常明显。第三，资源配置的主要方式是市场。小泽辉智对经济发展，尤其是对对外直接投资和比较优势等因素的相互作用综合分析，使国际直接投资的流入、流出变化始终与一国工业化发展的整个过程紧密联系。发展中国家从单纯吸收外资演变成净对外直接投资的国家的原因是不断地使本国的比较优势增强，不断保持经济竞争力。

① Lewis, W.A: Economic Development with unlimited supply of labor, The Manchester School, 1954, 22(2): 139-191.

2.2　对外直接投资周期理论的实证文献综述

关于对外直接投资的研究一直是学术界研究的一个热点，其中学者们从不同的视角展开研究①。本书主要聚焦于对外直接投资周期理论的相关实证文献。

一个经济体的对外直接投资发展路径通常与它的经济水平具有密切关系并呈现出阶段性特征（Dunning，1981；Dunning and Narula，1996），因此 IDP 理论又称为对外直接投资周期理论。它是国际生产折中理论（Dunning，1977）的延伸和发展，1986 年邓宁揭示了三类典型经济体投资发展路径的不同演绎过程，1996 年 Dunning 和 Narula 把 IDP 理论由四个阶段发展为五个阶段，形成了较为完整的 IDP 理论（闫实强，2012）。此后，UNCTAD(2006) 修订五个阶段分界点的人均 GDP 门槛值。

国外许多学者用时间序列数据或多国横截面数据对 IDP 模型进行检验并对研究对象所处阶段进行判断（Twomey，2000；Boudier，2008；Verma and Brennan，2011），大部分实证文献肯定了 IDP 理论并指出研究对象所处的阶段（Calderon et al.，1995；Buckley and Castro，1998；Bellak，

① 主要包括对外直接投资的区位选择、影响因素、阶段特征、增长路径、投资效率、影响效果（母国、东道国），等等。

2001；Boudier，2008；Masca and Vaidean，2010；Stoian，2013），也有些学者认为受到市场规模、行业和区域结构等因素的影响，一些国家的对外直接投资并不符合 IDP 理论（Bellak，2001；Verma and Brennan，2011）。

中国学者的研究表明，中国的对外直接投资发展符合 IDP 理论，人均净对外直接投资与人均 GDP 之间呈现 J 型或 U 型关系，但研究结论有所差异。对中国所处的对外直接投资阶段，有的研究认为处于第一阶段（UNCTAD，2006），有的学者认为处于第二阶段（高敏雪和李颖俊，2004)，也有学者认为是第二阶段末或第三阶段初（姚永华等，2006；赵晓笛，2007)，或第二和第三阶段之间（刘红忠，2001；李辉，2007），有的学者认为 2008 年中国对外直接投资已经处在第三阶段（朱华，2012；李晓峰和仲启亮，2012；陈文科，2013；李韬和林文轩，2017）。

有学者以对外直接投资周期理论为基础，探究了对外直接投资的影响因素（朱玮玮，2017），许真和陈晓飞（2016），通过运用扩展 IDP 理论模型，发现以金融制度、贸易制度等代表的制度因素对直接投资具有显著影响。另外，还有学者以特定产业为研究对象，探究该产业的对外直接投资是否符合 IDP 理论（陈伟，2014），如吴培和李哲敏（2019）通过 IDP 理论研究中国农业对外直接投资，发现中国农业对外直接投资已进入第四阶段。除此之外，也有学者以特定地区为研究对象，探究相关地区的对外直接投资是否符合对外直接投资周期理论。郑亚莉和杨益均（2007）利用相关数据进行计量分析，发现浙江省在 2007 年已经进入投资发展周期的第三阶段，胡勇等（2008）得出相同结论，并认为浙江省对外直接投资的发展阶段滞后于经济发展阶段。随着“一带一路”倡议的实施，学者们开始对“一带一路”沿线国家和地区的投资阶段进行研判，为中国与这些国家和地区进行双向直接投资提供政策指引。梁锶等（2018）通过研究发现“一带一路”沿线国家和地区中，有 33 个国家和地区处在投资发展周期第三阶段及以下，有 4 个国家和地区处在第四阶段，尚无国家和地区处在第五阶段。

另外，有学者认为中国对外直接投资发展所处阶段滞后于经济发展(高敏雪和李颖俊，2004；张馨，2012；彭刚，2013)。有的学者则持相反的观点，他们认为中国对外直接投资水平超前于经济发展水平（朱华，2012；李韬和林文轩，2017)。随着当前国内和国外经济发展形势出现的巨大变化，需要对中国对外直接投资的阶段重新定位，同时可通过对美日韩的对外直接投资进行实证分析并研究其所处的阶段。

第3章
国内视角：
中国对外直接投资发展史

本章将研究中华人民共和国成立以来的对外直接投资史。从1949年到2019年，中国的对外直接投资实现了由无到有再到大规模发展的转变，现今已经成为世界第二大对外直接投资国[①]。中国对外直接投资的巨大发展与中国经济体制改革、党和政府政策的变化、国际形势变化等因素息息相关，鉴于此，本书以十一届三中全会、中共十四大、中国加入WTO、2008年全球金融危机和"一带一路"倡议的实施等重大事件为分界线，并参考商务历史网站的阶段划分[②]，把中国的对外直接投资分为萌芽阶段（1949—1978年）、起步探索阶段（1979—1991年）、调整阶段（1992—2001年）、深入发展阶段（2002—2007年）、进一步发展阶段（2008—2012年）和健康规范发展阶段（2013年至今），进而以中外学者的对外直接投资阶段理论为依据来探索中国对外直接投资发展的阶段特征，探寻中国对外直接投资的发展规律，为中国对外直接投资的进一步发展提供历史借鉴。

---

① 据商务部、国家统计局和国家外汇管理局联合发布的《2018年度中国对外直接投资统计公报》显示，2018年中国对外直接投资流量为1430.4亿美元，略低于日本（1431.6亿美元），成为第二大对外投资国。

② 商务历史网站（http://history.mofcom.gov.cn），承办单位为中华人民共和国商务部国际贸易经济合作研究院。

3.1　萌芽阶段（1949—1978年）

3.1.1　发展背景

中华人民共和国成立之初，经过连年战争，国民经济几乎处于崩溃边缘，国家建设需要的资本严重不足，党和政府当时的主要任务是恢复经济，稳定国内物价，保障人民的基本生活，维护新生政权。在国际上以美国为首的资本主义国家对新生的共和国政权持敌视态度，对新中国采取政治孤立、军事敌对、经济封锁，新中国面临着严峻的国际环境。在这些背景下，我国除了在港澳地区接管了一些旧中国官僚资本企业外[①]，几乎很少进行对外直接投资。1956 年年底我国完成了三大改造，建立了计划经济体制，形成了单一的公有制经济形式，私有制经济不复存在。在计划经济体制下，国家实行统一收支和负担亏损，公有制企业受到政府指令的引导，由国家统一下达生产计划，统一配置资源，统一确定价格，企业无须自负盈亏，因此企业的发展活力不足，也无参与国际市场的内在动力。随着中国经济的发展，在该阶段中国的一些外贸企业开始出现，它们与世界进行了一定程度的经济交流。

① 包括招商局集团有限公司、华润集团有限公司和香港中旅集团有限公司等企业。

3.1.2 发展表现

该阶段中国对外直接投资的发展主要表现为设立贸易公司和公司代表处等方式。

早在新中国成立前，中国共产党人已在香港投资兴建了华润公司，在澳门兴建了南光贸易公司，这两个公司主要经营贸易活动。新中国成立后在受到西方国家经济封锁的影响下，这两个公司起到了促进中外贸易的作用，其中华润公司主要是把中国的一些商品销售到国外，特别是东南亚地区，而南光贸易公司主要是把广东的农产品和纺织品销售到澳门等地[①]，它们都具有商贸业对外直接投资的性质，除此之外20世纪50—70年代中国在世界一些著名大城市（纽约、伦敦、东京、巴黎、汉堡和新加坡等）开办了一些远洋运输、金融等企业[②]，这些企业往往规模较小，同样也是主要经营与贸易相关的业务，属于我国对外直接投资的雏形。

设立公司代表处经营外贸活动也属于该阶段中国对外直接投资雏形的表现之一。1953年中国在东德柏林设立一个由中国完全控制、完全由中国资金办理业务的新机构“中国进出口公司驻柏林代表处”，代表中国进出口公司经办中国同西欧国家的贸易，它是中国企业在西欧的据点，对了解西欧国家的经济、人文、社会等情况具有积极意义，有助于中国企业之后在该地区进行直接投资。

① 李钢：《中国对外贸易史（下）》，中国商务出版社2015年版，第73页。

② 商务历史网站（http://history.mofcom.gov.cn），承办单位为中华人民共和国商务部国际贸易经济合作研究院。

这一阶段的对外直接投资政策也是根据香港几家企业发展形势的变化而转变，1952 年原外贸部开始管理华润集团有限公司，并把其作为中国各进出口公司在香港的总代理；1965 年国家开始允许招商局集团有限公司成立下属企业，1978 年中央政府批准招商局集团公司拥有更多的自主权和开展贸易活动[①]。

3.2　起步探索阶段（1979—1991年）

3.2.1　发展背景和政策支持

新中国在经历了动荡的十年“文化大革命”后，逐渐向积极的方向发展。从国内看，十一届三中全会作出了改革开放的伟大决策。在新政策和利润吸引下，外商投资纷至沓来，为中国的经济建设做出了贡献，也获得了丰厚的利润。在改革开放的过程中，政府和企业也渐渐认识到开放不光要吸引外资，还需要中国企业“走出去”进行对外直接投资。基于此党和政府制定了一系列指引和推动企业对外直接投资的政策法律法规，为企业“走出去”奠定了基础。1979 年 8 月国务院颁布了《关于大力发展对外贸易增加外汇收入若干问题的规定》，其中第十三条规定允许“出国办企业，

① 高鹏飞、辛灵、孙文莉：《新中国70年对外直接投资：发展历程、理论逻辑与政策体系》，《财经理论与实践》，2019 年第 5 期。

发展对外投资"，但都要报国务院进行审批，即实行严格的个案审批制。这是新中国成立 30 年来首次将对外直接投资作为一项政策确立起来，从此对外直接投资有了政策保障，唱响了中国企业"走出去"的序曲。1981 年原外经贸部制定了《关于在国外开设合营企业的暂行规定》，为国有企业在国外进行合资经营明确了方向①。但由于改革开放刚刚起步，国家外汇相当紧张，各种政策规定对企业的约束管理仍然很严格，1991 年国家计划委员会在《关于加强海外投资项目管理的意见》中指出，当前我国还不具备大规模到海外投资的条件，因此当时仅允许中央部委的一些企业以及个别省、直辖市所属企业进行小规模、尝试性的对外直接投资。

1983 年国务院授权原外经贸部作为在国外开设合资经营企业的审批和管理部门，原外经贸部据此制定了《关于在境外举办非贸易型企业的审批和管理（试行稿）》，建立起以原外经贸部为审批主体，其他部门和省、市相关部门层层审批上报的管理体制②。1985 年又制定了《关于在国外开设非贸易性合资经营企业的审批程序和管理办法（试行）》，该文件规定对外直接投资审批权部分下放至省、市，规定只要符合一定条件的企业均可申请到国外开设合资经营企业，100 万美元以下的一般性对外直接投资项目由省、自治区、直辖市人民政府和国务院各部委直接审批。在一系列政策指引下对外直接投资逐渐实现由国务院个案审批到规范性审批的转变，这为中国企业对外直接投资的审批及管理提供了制度依据，规范了企业的对外直接投资，调动了企业的积极性，因此我国在 20 世纪 80 年代后期出现了一段对外直接投资显著增长期（图 3-1）。在政策不断出台的同时，相关的法律法规也接踵而至，共同推动我国对外直接投资的发展。1989 年

① 程慧、胡斌：《我国对外直接投资的立法路径》，《国际经济合作》，2010年第9期。

② 陈希：《完善我国境外投资审批制度的思考》，《河南社会科学》，2019年第1期。

3 月，在国务院批准下国家外汇管理局颁布了《境外投资外汇管理办法》，明确了对外投资企业使用外汇的准则，规范了对外投资企业的外汇管理，也保证了国家的外汇安全[①]。1990 年中国人民银行颁布了《境外金融机构管理办法》，针对进行对外直接投资的金融企业作了一系列规定。通过一系列相关法律的出台，我国逐步建立起规范对外直接投资的法律体系[②]。

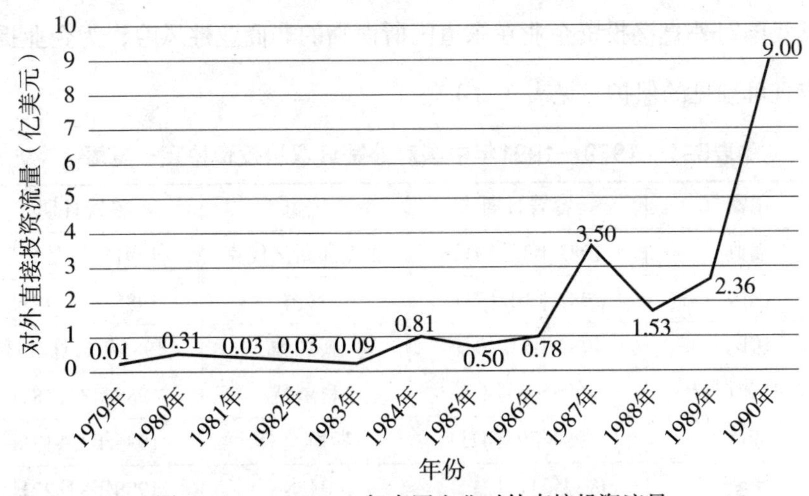

图 3-1　1979—1990年中国企业对外直接投资流量

数据来源：联合国贸发会议《1990 年世界投资报告》。

从国际上看，20 世纪 70 年代中国的国际环境开始转好，中美关系开始缓和，世界也掀起了与中国建交热潮。随着 1979 年 1 月 1 日《中美建交公报》的正式生效，中美正式建交，中国长期被经济封锁的局面彻底终结，开始走向世界[③]。此后中国开始与外国签订双边投资保护协定（BIT），

① 卜伟、杨玉霞、李洁琳：《中国对外直接投资政策对 OFDI 的影响研究》，《宏观经济研究》，2018 年第 7 期。

② 宋炎禄：《加强金融管理的又一重要措施——浅析〈境外金融机构管理办法〉》，《中国金融》，1990 年第 7 期。

③ 朱军：《中美关系与亚太安全秩序的演变》，《当代美国评论》，2018 年第 1 期。

在这一阶段中国与欧洲国家缔结BIT的数量最多，其次是亚洲，大洋洲的澳大利亚、新西兰、巴布亚新几内亚和非洲的加纳在这一时期与中国签订了双边投资协定。与此同时中国还与一些国家签订了避免双重税收协定（DTT），例如，在1983年与日本签订了《中日避免双重税收协定》，1984年与美国签订了《中美避免双重税收协定》。通过这些协定的缔结，能够降低我国对外直接投资企业在东道国所面临的非商业性风险，为企业提供稳定且可预见的保护（见表3-1）①。

表3-1　1979—1991年中国对外签订双边投资协定一览表

国家	签署日期	国家	签署日期
瑞典	1982年3月29日	捷克和斯洛伐克	1991年12月4日
德国	1983年10月7日	泰国	1985年3月12日
法国	1984年5月30日	新加坡	1985年11月21日
比利时和卢森堡	1984年6月4日	科威特	1985年3月18日
芬兰	1984年9月4日	斯里兰卡	1986年3月13日
挪威	1984年11月21日	日本	1988年8月27日
意大利	1985年1月28日	马来西亚	1988年11月21日
丹麦	1985年4月29日	巴基斯坦	1989年2月12日
荷兰	1985年6月17日	土耳其	1990年11月13日
奥地利	1985年9月12日	蒙古	1991年8月25日
英国	1986年5月15日	澳大利亚	1988年7月11日
瑞士	1986年11月12日	新西兰	1988年11月22日
波兰	1988年6月7日	巴布亚新几内亚	1991年4月12日
保加利亚	1989年6月27日	加纳	1989年10月12日
匈牙利	1991年5月29日		

数据来源：中华人民共和国商务部条约法律司(tfs.mofcom.gov.cn)。

① 朱大旗、张牧君：《论税收协定中的利益限制条款及其在中国的应用》，《中国人民大学学报》，2017年第1期。

3.2.2 发展表现和阶段特征

中国改革开放后的首例对外直接投资为1979年北京市友谊商业服务总公司投资22万美元与日本东京丸一商事株式会社在日本东京合资开办的京合股份有限公司，自此，中国的对外直接投资开始逐渐增多起来[①]。1980年中国船舶工业总公司、中国租船公司与香港环球航运集团在百慕大设立了国际联合船舶投资有限公司，该公司的融资额高达5000万美元，成为当时中国最大的一项对外直接投资项目[②]。这一阶段进行对外直接投资的企业都是国有企业，特别是以中央直管企业为主。为了推动国有企业出口，同时获得国际市场上的先进技术和管理知识，实力相对雄厚的国有企业在发达国家的服务业领域进行了绿地投资。从1980年起，中国对外贸易总公司在海外成立了华运公司、华美航务公司、香港宏光和威林产业等独资子公司[③]。此外，包括中国化工进出口总公司、中国远洋运输集团公司、中国国际信托投资总公司、中国五金矿产进出口总公司、中石油和中国银行等也走出了国门。该阶段，有代表性的非贸易型境外企业抓住开放的契机，“走出去”的速度不断加快。由图3–2可看出，1985年之后每年非贸易型境外企业的数量明显多于1985年之前的数量（见图3–2）。

---

① 商务历史网站（http://history.mofcom.gov.cn），承办单位为中华人民共和国商务部国际贸易经济合作研究院。

② 郝中中：《我国对外直接投资的制度变迁及特点分析》，《对外经贸实务》，2014年第11期。

③ 李国学：《制度约束与对外直接投资模式》，《国际经济评论》，2013年第1期。

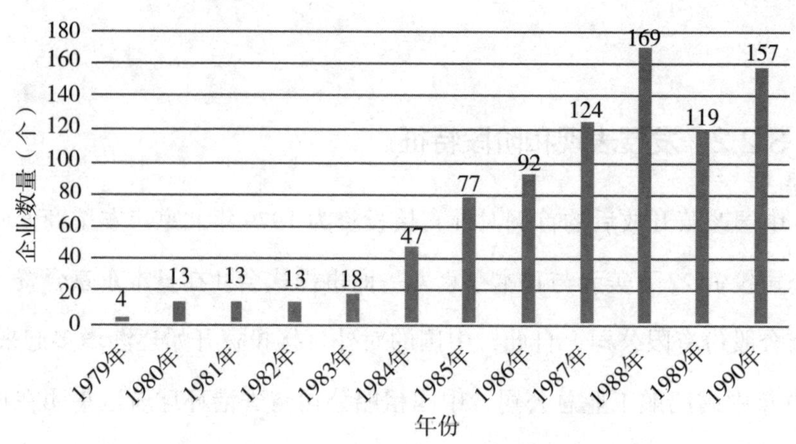

图3-2　1979—1990年中国非贸易型境外企业数量

数据来源：《中国对外经济贸易年鉴》和联合国贸发会议《1990 年世界投资报告》。

从总体来看，1979—1991 年我国的对外直接投资具有以下特征：投资数量仍然十分有限，规模还比较小；投资主体主要为国有企业，投资行业主要是商贸业，但是投资领域有所扩展，加工装配业、交通运输业和资源开发业等相继出现，我国初步建立起对外直接投资行业体系，中国对外直接投资处于起步阶段。

该阶段对外直接投资发展缓慢的原因主要有：首先，受到了经济体制的束缚，改革开放初期，我国仍然是高度集中的计划经济体制，国家对企业的管控非常严格，企业的活力不足，也没有进行对外直接投资的自主权；其次，我国经济发展水平低，国内资本存量较少，国家处于需要大量吸引外资的阶段；再次，受到意识形态的制约，"左"的经济思想长期影响着我国，导致我国一直把对外直接投资看作资本主义国家争夺国际市场、掠夺原料和压迫落后国家的手段，因此对对外直接投资一直具有排斥心理；还有受到我国对外政策的影响，尤其对于对外直接投资，政府采取的是缓缓放开的政策，严格的外汇制度以及复杂的审批制度都制约着对外直接投资的快速发展；最后，缺乏对外直接投资的经验，改革开放前的三十年，中国一直处于封闭状态，与世界经济交流少，对外直接投资的经验严重不足，因此在该阶段必然需要积累经验“摸着石头过河”，循序渐进地进行对外直接投资。

在对外直接投资增长的背后也出现了一些盲目投资、资本外逃等问题，因此国家在 20 世纪 90 年代初对对外直接投资进行了整顿。1991 年原国家计委制定《关于加强海外投资项目管理意见》，作出“目前中国不具备大规模到海外投资的条件”的判断，这成为指导我国企业对外直接投资的基本政策[①]。同年 8 月原国家计委颁布《关于编制、审批境外投资项目的项目建议书和可行性研究报告的规定》，明确规定“仅允许中国的企业、公司或其他经济组织到港澳台地区和苏联、东欧各国以投资、购股等方式举办或参与举办非贸易性项目，不允许中国企业到除此之外的其他国家开展境外投资”[②]，并从投资规模和审批程序上限制了企业对外直接投资的自主性，对中国对外直接投资的发展产生了重要影响。

① 张广荣：《我国“境外投资”基本政策发展演变》，《国际经济合作》，2009 年第 9 期。

② 李开孟：《我国投资项目可行性研究 60 年的回顾和展望》，《技术经济》，2009 年第 9 期。

3.3 调整阶段（1992—2001年）

3.3.1 发展背景和政策支持

1992 年党的十四大确立了建立社会主义市场经济体制的目标，明确提出要积极扩大中国企业对外投资和跨国经营。自此中国的改革开放实现了更深层次的发展，党和政府在对外的政策、法律法规和管理体制等方面更加完善和健全，对对外直接投资的引导更加规范，这也导致中国的对外直接投资进入了一个新的发展阶段。1993 年，在党中央发布的《中共中央关于建立社会主义市场经济体制若干问题的决定》中，进一步明确了加快实现中国经济与国际经济互接互补、发展开放型经济的指导方针，推动中国建立社会主义市场经济体制和实行国际惯例。

1997 年党的十五大报告指出，要努力提高对外开放水平，鼓励能够发挥我国比较优势的对外投资，更好地利用国内国际两个市场，两种资源。中共十五届二中全会上进一步认为，要有领导有步骤地组织和支持一批有实力有优势的国有企业到国外去，主要是到非洲、东亚、中东、中欧和南美等地投资建厂①。2001 年九届人大四次会议审议通过的《国民经济和社

① 中国共产党第十五届中央委员会第二次全体会议公报。

会发展第十个五年计划纲要》中明确提出了“走出去”战略，要求健全对外投资的服务体系，在金融、外汇、人才、法律和出入境管理等方面为“走出去”创造条件，并推动境外投资企业建立现代企业制度。

2001 年中国加入世界贸易组织（WTO），实现了由有限范围、领域和地域内的开放，到全方位、宽领域、多层次对外开放的转变，实现制度性开放、中国与世界贸易组织成员之间的双向开放市场。中国企业进一步融入世界经济之中，参与国际竞争。此外，20 世纪 90 年代中国在对外经济贸易发展方面制定了三大战略：“市场多元化”战略、“大经贸”战略和“走出去”战略，对中国经贸和对外投资的发展都产生了巨大的影响①。

该阶段政府对对外直接投资的审批管理更加简化和规范。1993 年原外经贸部制定了《境外投资企业的审批程序和管理办法》，对对外直接投资项目的审批主体、程序和内容都做出了明确界定②；1998 年财政部发布了《中外合作经营企业外国合作者回收投资审批权限问题的通知》，对中外合作经营企业的外国合作者在缴纳所得税前回收投资的审批权限问题进行了解答。在外汇管理方面，1993 年国家外汇管理局发布了《境外投资外汇风险及外汇资金来源审查的审批规范》，在 1997 年又制定了《境外外汇账户管理规定》，对境内投资者和投资机构在境外开立外汇账户的条件进行了详细的规定③。1998 年海关总署和国家外汇管理局联合制定了《关于对携

① 赵仁康：《论新时期我国实施大经贸战略的意义和重点》，《南京社会科学》，2003 年第 7 期。

② 陈坚：《完善中国企业“走出去”政策措施体系之思考》，《国际贸易》，2013 年第 10 期。

③ 于正红、张鲁、刘泽仁：《关于外汇账户体系建设及应用的若干思考》，《金融发展研究》，2010 年第 3 期。

带外汇进出境管理的规定》，这方便了对外直接投资者使用外汇。在资金财务管理方面，1995 年中国人民银行制定了《设立境外中国产业投资基金管理办法》，1996 年财政部制定了《境外投资财务管理暂行办法》，1997 年国家计划委员会和国家外汇管理局发布了《境外进行项目融资管理暂行办法》，明确了对外投资企业的融资和财务管理办法。

在对外方面，该阶段中国与更多的国家缔结了双边投资协定，还签订了一些多边投资协定。政府继续加强与国外的合作，如 1992 年加入了《解决国家与他国国民间投资争端公约》（华盛顿公约），为对外直接投资者创造有利的外部条件[①]。

从国际上看，进入 20 世纪 90 年代后，东欧剧变、苏联解体，两极格局终结，世界政治格局出现一超多强的局面，国际局势出现相对和平的局面，这有利于降低企业进行对外直接投资的政治风险和提供了稳定的预期[②]。而在国际经济方面，经济全球化趋势更加明显，资本、劳务、信息、技术等生产要素在全球范围内实现配置，并引发国际经济的新走向：贸易自由化的进程加快，以欧盟为代表的区域集团化加强，以国际货币基金组织和世界银行为代表的国际组织发挥重要作用，跨国公司数量增长迅速，对世界贸易政策和产业政策的影响日益加剧[③]。新的经济格局不仅使得各国经济的相互依存度提高了，也使得各国面临着残酷的国际竞争和经济结构调整、实施产业升级的压力，经济安全问题日益突出。这些国际政治、经济局势的变化要求中国进一步走向世界参与经济全球化下的竞争。

---

① 陈兆源、田野、韩冬临：《双边投资协定中争端解决机制的形式选择——基于 1982—2013 年中国签订双边投资协定的定量研究》，《世界经济与政治》，2015 年第 3 期。

② 王怀宁：《世界经济形势与格局变化》，《国外社会科学》，2000 年第 1 期。

③ 高德步、王珏：《世界经济史》，中国人民大学出版社 2011 年版，第 114 页。

3.3.2　发展表现及阶段特征

积累了十几年对外直接投资的经验后，自主权不断扩大的中国企业“走出去”的愿望逐渐增强，越来越多的企业开始了对外直接投资。1992年首都钢铁公司投资 1.2 亿美元收购了秘鲁铁矿，成为当时最大的一笔对外直接投资①。同年，具有私营企业性质的桂林国际电线电缆集团公司收购了澳大利亚 Electra Cables 公司，成为我国第一家进行对外直接投资的私营企业，拉开了私营企业“走出去”进行对外直接投资的序幕②。截至 1992 年年底，中国对外直接投资企业累计达到 1363 家，分布于 63 个国家和地区，投资存量规模达到 15.91 亿美元③。

但是经过 20 世纪 90 年代初的迅速发展后，由于受到汇率并轨的影响，1993 年之后的中国对外直接投资流量又出现了回落，1994—2000 年呈现出缓慢发展的特征；境外非贸易型企业的数量在 1994 年出现了大幅下降，在经历了 1995 年和 1996 年连续两年低潮期后，境外非贸易型企业又实现了快速增长，主要因为 1997 年东南亚爆发了金融危机，受此影响我国出口贸易受阻，于是中国企业纷纷进行对外直接投资，以削弱金融危机的消极影响。从图 3-3 可看出，1997 年和 1998 年我国境外非贸易型企业的数量出现了显著增长。截至 2001 年年底，中国的境外非贸易型企业数量累计达到 3000 多家，投资区域呈现多元化，美国、俄罗斯和中国香

① 郭洁：《首钢秘鲁铁矿项目的历史与变迁》，《国际政治研究》，2015 年第 1 期。

② 赵蓓文：《中国企业对外直接投资与全球投资新格局》，上海社会科学出版社 2016 年版，第 34 页。

③ 中国对外经济贸易年鉴编辑委员会：《中国对外经济贸易年鉴（1993）》，中国社会科学出版社。

港名列三甲，从洲际角度看亚洲排第一位，欧洲和非洲排名第二位和第三位，表明亚洲仍然是我国在此阶段的投资重点区域。

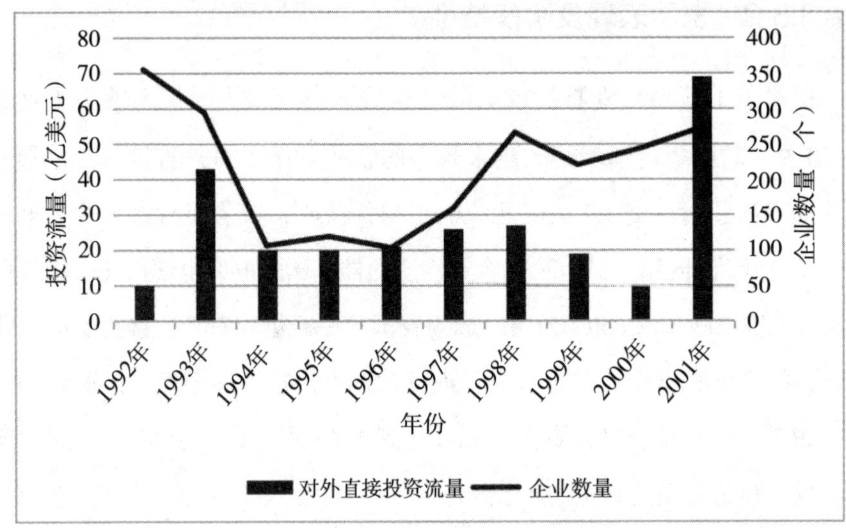

图3-3　1992—2001年中国对外直接投资流量和境外非贸易型企业数量

数据来源：《中国统计年鉴》《中国对外经济贸易年鉴》和联合国贸发会议《2001年世界投资报告》。

这一阶段中国的对外直接投资具有以下特征：从量上来看，无论是对外直接投资流量还是存量都比较低，投资规模小，发展具有一定的波动性。从投资主体性质来看，中国对外直接投资主体可分为以下三类：第一类为中央直管企业，如中国银行、中石油等，他们是对外直接投资的主力军；第二类为生产型企业集团和高科技公司，如海尔集团、联想集团等，他们增长的速度很快；第三类为私人企业，但在该阶段数量很少①。从行业分布角度看，由餐饮等服务业和建筑业逐渐扩展至制造业、采矿业等，行业分布越来越广泛。从区域角度看，投资区域仍然比较集中在亚洲地区，投资主体一般来自北上广等发达地区（见图3-4，图3-5）。

①冯鹏程：《中国企业对外直接投资研究》，北京印刷工业出版社2009年版，第82页。

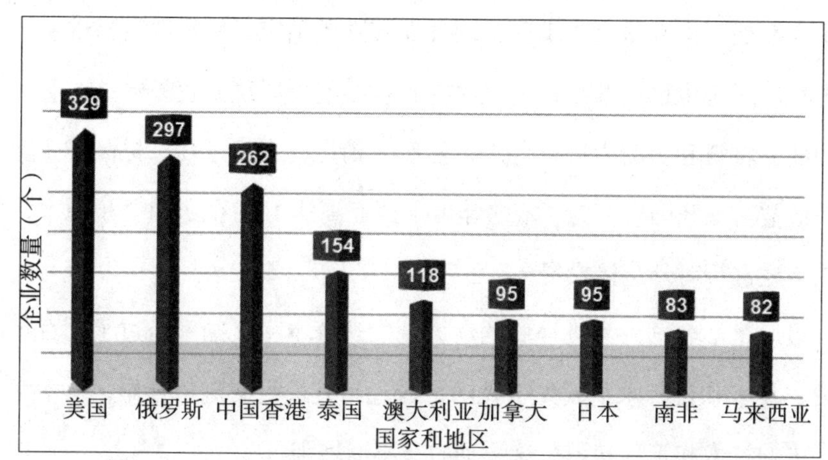

图3-4　2001年年末中国对外直接投资的主要国家和地区分布

数据来源：《中国对外经济贸易年鉴》。

该阶段中国的对外直接投资具有了新的动力。与上一阶段为国家全局考虑、服务国家宏观经济发展大局的对外直接投资相比，现阶段企业进行对外直接投资的内生动力十足，能够更加主动融合到世界市场，充分利用国内国际两个市场，两种资源，与世界各国企业展开深层次、全方位、宽领域的竞争和合作。该阶段中国对外直接投资的主要动力如下：

首先是抢占海外市场的动力。经过十几年的改革开放，政府对企业进行了改制，企业实行自负盈亏，为了获得更广的产品销售市场，企业具有走向海外抢占市场的强大动力，另外国内某些行业经过改革开放的十几年大发展后市场已经趋于饱和状态，同行业竞争十分激烈，销售网络出现垄断，企业在国内的生存空间日趋缩小，因此也必须开拓海外市场，如小天鹅集团、上海广电股份有限公司等投资主体进行对外直接投资的目的就是为了获得海外市场[①]。

其次是规避贸易壁垒、提高企业经济效益的动力。随着我国对外贸易

① 魏东、王璟珉：《中国对外直接投资动因分析》，《东岳论丛》，2005 年第 5 期。

的快速发展，出口量增长迅猛，国外尤其欧美国家开始设置贸易壁垒，出口配额的限制也逐渐增多，通过对外直接投资可以绕开贸易壁垒，利用东道国的原材料和劳动力进行生产，然后再销售到当地市场，提高了企业的经济效益。如我国企业为了规避印度尼西亚高达 10% 的进口关税税率，纷纷在该地进行对外直接投资[①]。

最后是学习国外先进经验的动力。发达资本主义国家经过了几百年的发展，技术和管理水平领先于我国，通过与其进行交流与合作，从中学习其先进的技术和管理知识，这一动力在不断增强。

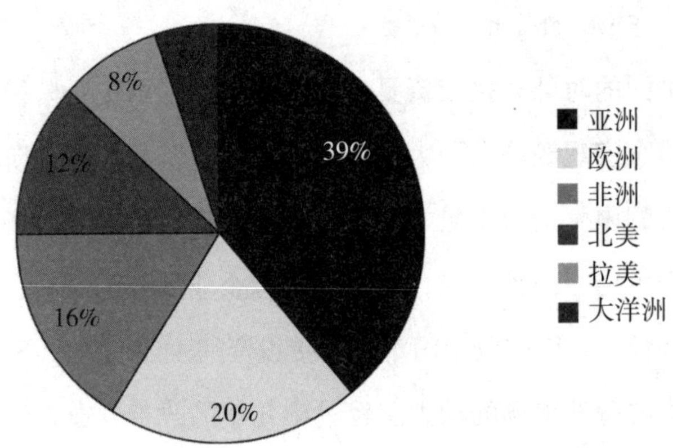

图3-5　2001年年末中国对外直接投资企业的洲际分布

数据来源：《中国对外经济贸易年鉴》。

尽管我国对外直接投资在该阶段呈现出了一定程度的提高，但是仍然存在着一些因素制约着它的进一步发展，主要有：第一，计划经济的影响依然存在，在计划经济体制下，企业之间的联系不是市场指引的结果，而是靠行政干预所建立的人为联系，这导致无法形成符合市场规律的自然组合。如企业出境人员需要得到行政管理部门的审批，企业无法自主决定人

① 张燕：《中国对外直接投资产业选择》，天津大学出版社 2010 年版，第 105 页。

选，对外直接投资获得的利润需要汇到国内等，这些规定都制约着对外直接投资的发展。第二，从政策层面来看，缺乏更加完善的对外直接投资政策和行业规划，尽管政府出台了鼓励对外直接投资的法律法规和政策，但是需要进一步细分化、具体化，使之更有操作性。另外，在该阶段还缺乏明确的产业倾斜政策和投资导向。第三，在外汇问题上，严格的外汇管理制度，复杂、冗长的外汇投资审批过程制约着企业的对外直接投资，一些企业也因此失去了对外直接投资进一步发展的机遇：1997年由于受到外管局催促公司外汇核销，江苏省技术进出口公司未能得到母公司的资金支持，从而失去在和美国合资企业中扩股的良机①。第四，从企业自身来看，投资目标不明确，缺乏合理的投资规划。经调查发现，我国对外直接投资企业明显缺乏战略安排，投资经验缺乏，大量海外企业仅起到连接国内外市场的作用，国外业务开展困难。此外，一些企业盲目上项目，造成重复建设，浪费企业资源。企业搜集国际市场信息的渠道尚不完善，对国际市场的判断能力还不够强。另外，企业自身也缺乏跨国经营人才。这些都制约着中国对外直接投资的进一步发展。

① 张洁颖、周煊：《“走出去”战略背景下中国对外直接投资政策体系的思考》，《国际贸易》，2007年第4期。

3.4 深入发展阶段（2002—2007年）

3.4.1 发展背景和政策支持

在提出“走出去”战略和加入世界贸易组织后，在该阶段党和政府推出了更多的战略政策、法律法规，推动中国对外直接投资的发展。

2002 年党的十六大报告中进一步提出要“在更大范围、更广领域和更高层次上参与国际经济技术合作和竞争，充分利用国际国内两个市场，优化资源配置。实施‘走出去’战略是对外开放新阶段的重大举措，要鼓励有比较优势的各种所有制企业对外投资，形成一批有实力的跨国企业和品牌”[①]。2004 年 7 月国务院颁布《关于投资体制改革的决定》，中国的投资管理体系实现了转变，中国对外直接投资管理进入了一个新阶段。在境外投资活动中，政府的主体地位让位于企业，企业具有了对外直接投资的自主权，可以决定投资方向和规模。政府逐渐转变管理职能，从而形成市场引导、企业自主和政府宏观调控的新型对外直接投资体制。在该文件的指导下，国家发改委、商务部和外汇管理局等相关部门积极制定促进对外直

① 江泽民在中国共产党第十六次全国代表大会上的《全面建设小康社会开创中国特色社会主义事业新局面》报告。

接投资的政策和法律法规（表 3–2）。除了政策支持外，国家还积极发展对外友好关系，与更多的国家签订双边和多边对外投资协定。

2007 年党的十七大报告提出要进一步创新对外投资方式和合作方式，把“走出去”和“引进来”更好地结合起来。至此，中国“走出去”战略的制度框架已基本构建完成，包括对外直接投资审批程序简约化、外汇管制宽松化、财税金融保险扶持等。我国对外直接投资进入一个发展新阶段[①]。

表3–2　2002—2007年对外直接投资发展政策一览表

发布时间	机构	名称
2002年10月	原外经贸部、国家外汇管理局	《境外投资联合年检暂行办法》
2002年10月	原外经贸部	《境外投资综合绩效评价办法（试行）》
2002年12月	国家外汇管理局	《关于实施国内外汇贷款外汇管理方式改革的通知》
2003年5月	商务部	《2002年国别贸易投资环境报告》
2003年10月	商务部	《在东南非洲地区开展纺织服装加工贸易类投资国别投资指导目录》
2003年11月	商务部	《关于建立企业境外投资意向信息库的通知》
2003年12月	商务部	《在中东欧地区开展家用电器加工贸易类投资的国别指导目录》
2003年12月	商务部	《商务部简政放权，积极推进境外投资便利化》
2004年1月	商务部	《中国政府积极支持企业“走出去”》

① 胡锦涛在中国共产党第十七次全国代表大会上的《高举中国特色社会主义伟大旗帜为夺取全面建设小康社会新胜利而奋斗》报告。

续表

发布时间	机构	名称
2004年10月	商务部	《关于境外投资开办企业核准事项的规定》
2004年10月	国家发展改革委员会	《境外投资项目核准暂行管理办法》
2004年4月	商务部	《在拉美、亚洲地区开展纺织服装加工贸易类投资国别投资指导目录》
2004年11月	商务部	《国别投资经营障碍报告制度》
2006年8月	商务部	《中国企业境外商务投诉服务暂行办法》
2006年7月	商务部、外交部、财政部等	《境外投资产业指导政策》
2007年4月	财政部、商务部	《对外经济技术合作专项资金支持政策有关问题的通知》
2007年5月	商务部等	《关于鼓励支持和引导非公有制企业对外投资合作的意见》

资料来源：中华人民共和国商务部、外交部、财政部等网站。

3.4.2 发展表现和阶段特征

从对外直接投资流量上来看，2002—2007 年中国的对外直接投资流量由 27 亿美元增加到 265.1 亿美元，年均增长率为 57.9%，呈现高速增长态势[①]，其中 2005 年中国对外直接投资流量首次突破 100 亿美元；从对外直接投资存量来看，2002—2007 年中国对外直接投资存量由 299 亿美元增加到 1179 亿美元，其中 1997 年首次突破 1000 亿美元。无论是对外直接投资流量还是存量，都呈现逐步递增的趋势，中国的对外直接投资进入深入发展阶段（图 3–6）。

① 商务部、国家统计局、国家外汇管理局的《2007 年度中国对外直接投资统计公报》。

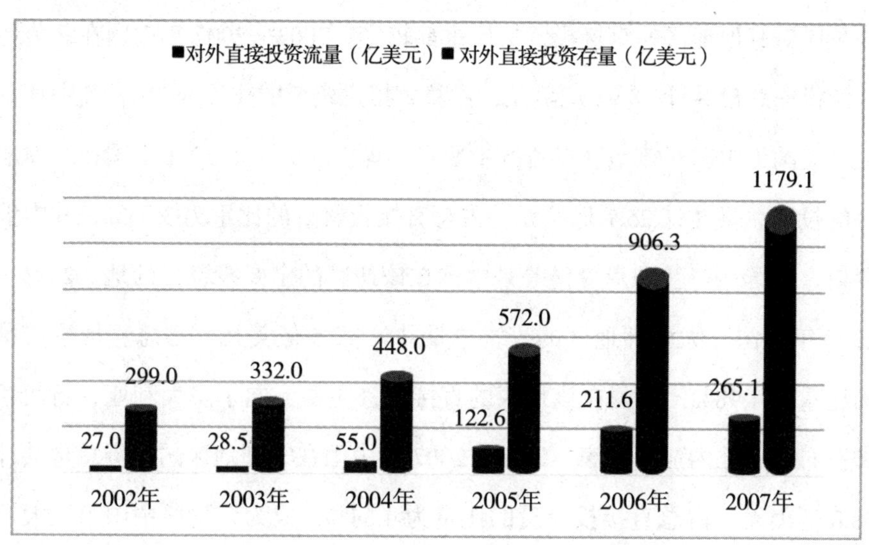

图3-6　2002—2007年中国对外直接投资流量和存量变化

数据来源：相关年份的《中国对外直接投资统计公报》。

从地区分布来看，亚洲和拉美地区是该阶段中国对外直接投资的主要目的地。2003—2007 年中国在亚洲的对外直接投资总计为 319.1 亿美元，占对外直接投资总额的比重为 50.6%，说明亚洲地区是中国对外直接投资的第一大区域。该阶段中国对亚洲的直接投资呈现出连续增长的趋势，其中 2007 年投资额突破 100 亿美元，达到 153.8 亿美元，占该年度对外直接投资流量的比重为 61.9%。中国香港、新加坡和巴基斯坦等地区是中国在亚洲进行直接投资的主要目的地。拉美地区是该阶段中国第二大对外直接投资区域，该阶段直接投资量共计 226.3 亿美元，占对外直接投资总额的比重为 35.8%，其中 2006 年中国在该地区的投资总额达到 84.7 亿美元，一度超过该年度在亚洲的投资量，排名第一位。2007 年中国在该地区的投资流量出现下滑，下降幅度达到 42.1%，总投资量落后于亚洲位居第二。中国在拉美地区的直接投资主要分布在开曼群岛和英属维尔京群岛，对阿根廷、巴西、委内瑞拉等国家和地区的直接投资在显著增多。中国在该阶段对其他地区的直接投资量比重都较小，2003—2007 年中国在北美地区的投资总量共计 18.94 亿美元，占总直接投资量的比重为 3%，其中加拿大、美国为中国对该地区投资的主要目的地。2003—2007 年中国在欧洲地区的投资总量共计 25.1 亿美元，占总直接投资量的比重为 3.98%，其中俄罗斯、德国、荷兰和卢森堡等是中国在该地区的主要投资目的地。2003—2007 年中国在大洋洲地区的投资总量共计 12.5 亿美元，占总直接投资量的比重为 1.98%，中国在该地区的直接投资主要流向了澳大利亚、新西兰和巴布亚新几内亚等国家。2003—2007 年中国在非洲地区的投资总量共计 28.8 亿美元，占总直接投资量的比重为 4.64%，成为该阶段中国第三大对外直接投资地区（图 3-7）。

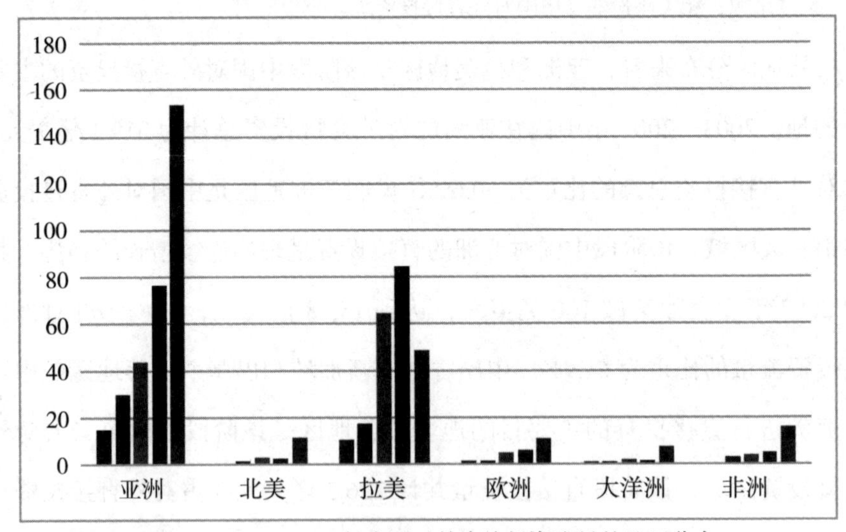

图3-7　2003—2007年中国对外直接投资流量的地区分布

数据来源：相关年份《中国对外直接投资统计公报》。

从行业分布来看，该阶段中国对外直接投资主要分布在采矿业、商务服务业、批发和零售业、交通运输仓储业和制造业等行业，2003—2007 年这五大类行业对外直接投资总额为 583.6 亿美元，占同时期中国对外直接投资总量的比重为 85.5%。具体来看，采矿业是该阶段中国最主要的对外直接投资行业，2003—2007 年其对外直接投资量共计 174.6 亿美元，特别是 2006 年采矿业对外直接投资占当年对外直接投资的比重达到 40.4%，由此可知，该阶段中国对外直接投资仍然主要以资源寻求型为主；商贸服务业是该阶段中国第二大对外直接投资行业，2003—2007 年其对外直接投资量共计 161 亿美元，其中 2005 年商贸服务业对外直接投资流量为 49.4 亿美元，成为当年中国对外直接投资量最多的行业；批发和零售业是该阶段中国第三大对外直接投资行业，2003—2007 年其对外直接投资量共计 111.3 亿美元，其中 2007 年批发和零售业对外直接投资量为 66 亿美元，超越商务服务业和采矿业，成为该年度排名第一的对外直接投资行业；交通运输仓储业是该阶段中国第四大对外直接投资行业，2003—2007 年其对外直接投资量共计 69.7 亿美元，其中 2007 年中国交通运输仓储业对外直接投资量达到 40.7 亿美元，仅次于批发零售业和商务服务业；制造业对外直接投资总额在该阶段排第五位，2003—2007 年中国制造业对外直接投资累计投资额为 67 亿美元，占同期中国对外直接投资总额的比重为 9.8%，与同时间段的美日韩相比，中国的制造业对外直接投资比重较低①（表 3-3）。

表3-3 2003—2007年中国对外直接投资的主要行业分布 单位：亿美元

年份	采矿业	制造业	批发和零售业	商务服务业	交通运输仓储业
2003年	13.8	6.2	3.6	2.8	1.1
2004年	18.0	7.6	8.0	7.5	8.3
2005年	16.8	22.8	22.6	49.4	5.8
2006年	85.4	9.1	11.1	45.2	13.8

① 2005 年美日韩三国制造业对外直接投资的比重分别为 23.60%、59.84% 和 52.80%。

续表

年份	采矿业	制造业	批发和零售业	商务服务业	交通运输仓储业
2007年	40.6	21.3	66.0	56.1	40.7
总计	174.6	67.0	111.3	161.0	69.7

数据来源：相关年份的《中国对外直接投资统计公报》。

从资本构成来说，该阶段中国对外直接投资主要以股本投资和利润再投资为主，具体来看，2003—2007 年股本投资形成的对外直接流量为 208.3 亿美元，占总的对外直接投资量的比重为 36%，其中 2006 年和 2007 年连续两年成为最主要的投资方式；利润再投资是另一种主要的投资方式，2003—2007 年利润再投资形成的对外直接投资流量为 208.7 亿美元，占总的对外直接投资量的比重为 36%，几乎和股本投资所占比重一致，其中 2005 年利润再投资成为最主要的投资方式（图 3–8）。

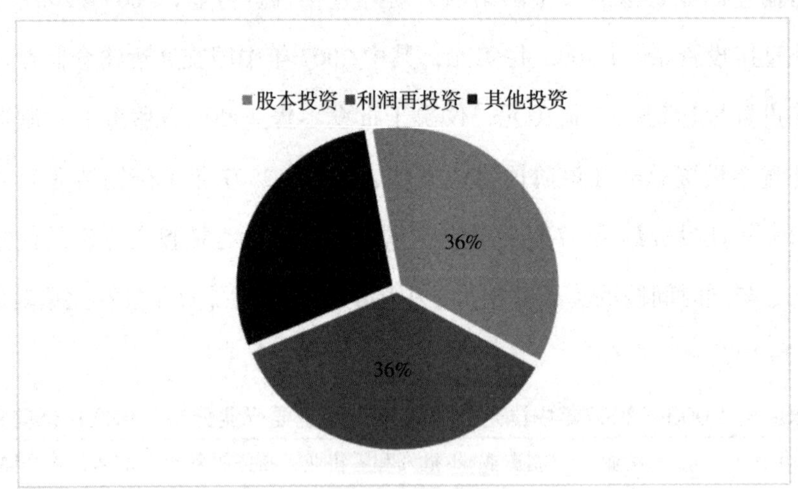

图3–8　2003—2007年中国对外直接投资的资本构成

数据来源：相关年份《中国对外直接投资统计公报》。

从对外直接投资主体的区域来源看，地方对外直接投资增势强劲，东部沿海地区对外直接投资量高。具体来看，各省市区非金融类对外直接投资流量由 2003 年的 7.57 亿美元连续增长至 2007 年的 52.5 亿美元，年均增长率为 62.2%。广东、上海、山东和北京是该阶段中国对外直接投资存量排名前四的省市区，东部地区参与对外直接投资表现得更为积极。

从对外直接投资主体的性质来看，国有企业仍然是最主要的对外直接投资主体，但是其比重呈下降趋势，私营企业异军突起。具体来看，2007 年年末国有企业对外直接投资存量比重为 71%，较 2006 年下降了 10%；私营企业的投资量呈现上升趋势，至 2007 年年末其占对外直接投资存量的比重为 1.2%。

该阶段中国对外直接投资的动力主要有：

第一，为获得国外先进技术和管理经验。进入 21 世纪后经济全球化的趋势更加明显，各国间的经济交流逐渐加深，中国企业在海外展开跨国经营的过程中也积累了很多宝贵经验，实力在不断增强，许多有远见的企业家渴望企业成为国际知名品牌企业，因此这些企业在进行对外直接投资时，具有向发达国家投资的偏好，其目的是学习先进技术和管理，提高经济效益[①]。

第二，为获取国外稀缺资源和能源。改革开放以来，中国的经济增长方式一直是粗放型的，对资源能源的消耗量较大，国内的资源能源开始无法满足企业的发展需求，“走出去”到资源能源丰富的地区展开生产成为资源能源型企业的迫切要求[②]，本阶段中国企业对国外石油、天然气和矿产资源的对外直接投资流量显著增加，《2007 年度中国对外直接投资统计公报》显示，至 2007 年年底，采矿业（主要包括石油和天然气开采业、黑

① 李珮璘、黄国群：《跨国并购促进我国产业升级的典型案例、效应与对策研究》，《经济问题探索》，2018 年第 10 期。

② 蓝庆新：《近年来我国资源类企业海外并购问题研究》，《国际贸易问题》，2011 年第 8 期。

色金属、有色金属矿采业）对外直接投资流量达40.6亿美元，占当年对外直接投资总量的15.3%。

第三，为获取企业知名度，打造品牌。企业的品牌价值作为企业的无形资产在当代激烈的市场竞争环境中正在发挥着越来越重要的作用，提升企业品牌知名度是企业的一个重要目标，如果企业仅仅以国内市场为目标，而在国际市场上无法获得知名度的情况下，那么想成为具有国际竞争力和影响力的大型企业的目标将很难实现，因此企业必须要“走出去”积极进行对外直接投资，在国际上打造自己的品牌和知名度①。

第四，为提高国家影响力和综合国力。当今时代，一个国家的综合国力是由经济、政治、文化、科技、教育等多个指标组成的，其中经济水平占有基础性地位，领先的经济水平需要依靠有自主创新能力的现代经济体系、高层次的产业结构和大量的具有国际影响力和竞争力的企业集团，尤其是制造业领域内的大型企业。政府通过鼓励并制定有利的政策推动企业“走出去”进行对外直接投资，使得企业充分利用国际市场，学习先进技术和管理经验，把企业做大做强，进而提高我国的国际影响力和综合国力。

在该阶段制约我国对外直接投资进一步发展的主要因素：

首先是政府管理部门权责仍不明晰，经常出现多部门管理、政出多门的现象。例如，除了商务部是对外直接投资的对口管理单位外，外交部、财政部、国家发改委、中国人民银行以及国家外汇管理局对对外直接投资皆有一定的管理权，这容易导致政府管理部门出现管理重复和管理缺位，

① 黄速建、肖红军、王欣：《论国有企业高质量发展》，《中国工业经济》，2018年第10期。

不利于对对外直接投资进行统一的规划和指导，除此之外多部门管理也不易制定对外直接投资的统一规划和合理布局，导致企业出现无序投资、重复投资等[①]。

其次是关于对外直接投资的审查程序仍然十分严格。尽管 2004 年发改委要求把对外直接投资的审查程序由审批改为核准制，可是通过审查的困难程度仍没有降低，对海外投资项目审查程序过于烦琐也导致许多企业错失对外直接投资的良机，影响企业对外直接投资的发展[②]。另外，由于我国对外汇管理仍然十分严格，这对我国企业进行对外直接投资也有一定的影响。在经历 1997 年亚洲金融危机后，金融安全更加成为我国政府高度关注的问题，对资本项目、外汇都严格管理，这影响了一些具有好的投资项目而缺少外汇企业的对外直接投资[③]。

最后是企业自身发展水平的制约。该阶段虽然企业已经建立现代企业制度，但是其适应市场经济的能力还有限，尤其是到了国际市场，面对东道国复杂的政治、经济、文化、法律和宗教等环境，我国企业仍然缺少经验。另外，除了海尔、华为等少数企业，我国企业在海外的规模一般来说仍然较小，无法形成规模效益。同时也存在着海外企业对国际市场信息的把握能力差的问题，企业获得的是不完全、不完备的信息，这也影响着我国对外直接投资的进一步发展。

---

① 冯鹏程：《中国企业对外直接投资研究》，北京印刷工业出版社2009年版，第66页。

② 陈希：《完善我国境外投资审批制度的思考》，《河南社会科学》，2019年第1期。

③ 刘祎：《中国对东盟国家直接投资的风险及防范研究》，《广西财经学院学报》，2019年第 3 期。

3.5 进一步发展阶段（2008—2012年）

3.5.1 发展背景

2008年在美国爆发的金融危机席卷全球，导致国际市场疲软，从2003年一直呈现高增长态势的全球国际直接投资出现了下降的趋势，2008年全球国际直接投资为16974亿美元，同比下降了21%[①]，这预示着受到金融危机影响后的世界经济面临着发展的困难和不利的世界投资环境。中国经济早已融入世界经济之中，金融危机的到来对正在“走出去”进行对外直接投资的中国企业产生了一定的不利影响。但是“危中有机”，在政府一系列支持鼓励政策的推动下，大部分企业顶住了经济萧条的压力，甚至有些央企凭借雄厚的经济实力抄底国际市场，加快了对外直接投资的进程。

3.5.2 相关政策支持

2008年商务部、外交部和国资委联合发布了《关于进一步规范我国企业对外投资合作的通知》，进一步规范企业的对外直接投资行为，有效

① 联合国贸发会议发布的《2009年世界投资报告》。

遏制了一些损害国家和企业利益的行为。2009年3月，商务部发布《境外投资管理办法》，目的是推动和完善对外直接投资便利化，进一步明确企业在对外直接投资中的主体地位，该文件放宽了核准权限，缩短了核准期限，简化了对外直接投资审批程序。2009年12月财政部、国家税务总局联合发布《关于企业境外所得税收抵免有关问题的通知》，避免对“走出去”企业重复征税，减轻了企业的负担①；2010年8月商务部、外交部、发改委、公安部、国资委、安监总局和全国工商联联合发布《境外中资企业机构和人员安全管理规定》的通知，要求建立境外安全突发事件应急处置机制，保障境外中资企业机构和人员的安全，为“走出去”战略的实施提供安全保证②。

2010年5月，国资委办公厅发布《关于开展中央企业对外并购现象专项检查的通知》，规范企业并购行为，防控企业风险，健全企业管理制度③。2012年党的十八大报告中明确提出要“实施更加主动的开放战略，加快走出去步伐，增强企业国际化经营能力，培育一批具有世界水平的跨国公司”。

3.5.3　发展表现和阶段特征

从对外直接投资发展规模来看，中国在该阶段的对外直接投资实现了大规模发展。2008—2012年中国的对外直接投资流量从559.1亿美元增加到878亿美元，年均增长率为9.4%；2008—2012年中国对外直接投资流量

① 魏志梅、刘建：《中国境外所得税制的回顾、借鉴与展望》，《税务研究》，2011年第7期。

② 郭凌威、卢进勇、郭思文：《改革开放四十年中国对外直接投资回顾与展望》，《亚太经济》，2018年第4期。

③ 姜爱林：《金融危机背景下的政府宏观经济政策分析》，《学习与实践》，2010年第1期。

累计为 3437.1 亿美元，是上一阶段（2002—2007 年）投资量的 4.5 倍，表明该阶段中国对外直接投资实现了大规模发展；2009 年中国对外直接投资流量首次进入世界前十，2012 年对外直接投资流量排名第三，我国成为当年度世界第三大对外直接投资国。从对外直接投资存量来看，中国对外直接投资存量由 2008 年的 1839.7 亿美元增加至 2012 年的 5319.4 亿美元，增长了 1.9 倍，年平均增长率为 23.6%，高于对外直接投资流量的增长率；中国对外直接投资存量的世界排名在 2012 年年末达到该阶段的最高位第 13 位。该阶段世界经济由于遭受美国金融危机的影响出现下滑，世界直接投资也出现下降，而中国的对外直接投资却实现了稳定增长和大规模发展，成为促进世界经济复苏的重要推动力（表 3–4）。

表3–4　2008—2012年中国对外直接投资量及世界排名

年份	流量		存量	
	投资额（亿美元）	世界排名（位）	投资额（亿美元）	世界排名（位）
2008年	559.1	12	1839.7	18
2009年	565.4	5	2457.5	16
2010年	688.1	5	3172.1	17
2011年	746.5	6	4247.8	13
2012年	878.0	3	5319.4	13

数据来源：相关年份《中国对外直接投资统计公报》。

从对外直接投资的地区分布来看，亚洲、拉美和欧洲地区是该阶段中国对外直接投资最主要的三大区域，并且在亚洲地区的直接投资比重进一步提高。具体来看，2008—2012 年中国对亚洲的直接投资量总计 2391.2 亿美元，占该阶段中国对外直接投资总量的比重为 69.6%，比上一阶段增长了 19 个百分点，亚洲在中国对外直接投资中的重要性进一步提升。2008 年中国在亚洲的对外直接投资额为 435.5 亿美元，比 2007 年增加了

1.8 倍，到 2009 年投资量有所下滑，2010—2012 年中国对亚洲地区的直接投资额实现了三年连续增长，该阶段年均增长率为 10.4%，增速较快。中国在亚洲的直接投资主要分布在中国香港、新加坡、哈萨克斯坦和韩国，其中中国香港占比最大，2012 年对中国香港的直接投资占当年对亚洲直接投资总量的 79.1%。

拉美地区在该阶段仍然是中国第二大对外直接投资区域，2008—2012 年中国在该地区的直接投资总额达到 396.6 亿美元，占该阶段中国对外直接投资总额的比重为 11.5%，比上一阶段下降了约 24 个百分点。2008—2011 年中国在拉美地区的直接投资实现了连续四年的增长，年平均增长率为 48%，而 2012 年出现了大幅下降，降幅达 48.3%，主要因为该年度中国对避税地英属维尔京群岛和开曼群岛的投资量出现了急剧下降。中国在拉美地区的直接投资主要分布在开曼群岛、英属维尔京群岛、阿根廷和委内瑞拉等国家和地区。

中国在该阶段对欧洲地区的直接投资量共计 262.7 亿美元，占对外直接投资总量的比重为 7.6%，较上一阶段增加了 3.6 个百分点，是该阶段中国第三大对外直接投资地区。其中 2008—2011 年直接投资由 8.8 亿美元增加到 82.5 亿美元，连续四年出现增长，年均增长率为 110.8%。2012 年中国在该地区的投资量出现回落，跌幅为 14.7%，英国、卢森堡、德国、俄罗斯、荷兰和法国是该阶段中国在欧洲的主要投资目的地。

中国在该阶段对非洲的直接投资总额为 147.2 亿美元，占对外直接投资总量的比重为 4.3%，较上一阶段下降了 0.26 个百分点，该阶段中国在非洲的投资额排名降为第四。2008 年中国在非洲的投资额为 54.9 亿美元，成为该年度中国第二大对外直接投资地区；2009 年中国在该地区的投资额出现严重下滑，降幅达到 73.8%；2010 年和 2011 年实现了连续两年的小幅增长，2012 年又出现了下降。该阶段中国在非洲直接投资的年均增长率为 −17.8%，表明中国在非洲投资欲望降低。中国在非洲的直接投资主要分布在安哥拉、刚果（金）、尼日利亚、赞比亚和津巴布韦等地区。

中国在该阶段对大洋洲的直接投资总额为 120.5 亿美元，占对外直接投资总量的比重为 3.51%，比上一阶段增长了 1.5 个百分点，该阶段中国在大洋洲对外直接投资的年均增长率为 5.4%，增速较快。其中 2009 年和 2011—2012 年都出现了增长，总体上该阶段在大洋洲的投资呈现波动性，澳大利亚、新西兰、斐济、萨摩亚和巴布亚新几内亚等地是中国在该地区的主要投资目的地。

北美地区是该阶段中国直接投资量最少的地区，2008—2012 年直接投资共计 118.6 亿美元，占中国对外直接投资总额的比重为 3.49%（表 3-5）。2008—2010 年中国在北美地区的直接投资呈现了连续增长的局面，2011 年出现了小幅度的下降，2012 年又实现了巨大增长。该阶段中国在北美地区直接投资的年均增长率为 91.8%，呈现快速增长的态势。中国在北美地区的直接投资主要流向美国和加拿大。

按照对外直接投资目的地发展程度差异进行投资量比较发现，2012 年年末中国在发达国家和地区的投资存量为 731.3 亿美元，占比为 13.7%，其中欧盟、美国、澳大利亚、加拿大、百慕大和日本是排名前六位的国家和地区；在发展中国家和地区的投资存量为 4588.1 亿美元[①]，占比为 86.3%，说明发展中国家和地区是中国对外直接投资的主要目的地。从具

①“发展中国家和地区”是指扣除联合国贸发会议《世界投资报告》中确定的发达国家和地区以外的所有国家和地区。

体的投资目的地来看，2012 年中国对外直接投资存量排前十位的国家和地区分别为中国香港、英属维尔京群岛、开曼群岛、美国、澳大利亚、新加坡、卢森堡、英国、哈萨克斯坦和加拿大，其存量共计 4398.45 亿美元，占比为 82.7%，表明中国的对外直接投资相对比较集中。

表3-5　2008—2012年中国对外直接投资的地区分布　　单位：亿美元

年份	亚洲	北美	拉美	欧洲	大洋洲	非洲
2008年	435.5	3.6	36.8	8.8	19.5	54.9
2009年	404.1	15.2	73.3	33.5	24.8	14.4
2010年	448.9	26.2	105.4	67.6	18.9	21.1
2011年	454.9	24.8	119.4	82.5	33.2	31.7
2012年	647.8	48.8	61.7	70.3	24.1	25.1
总计	2391.2	118.6	396.6	262.7	120.5	147.2

数据来源：相关年份《中国对外直接投资统计公报》。

从行业分布来看，商务服务业、采矿业、批发和零售业、金融业和制造业是该阶段我国对外直接投资的主要行业部门。2008—2012 年这五大行业对外直接投资合计 2923.5 亿美元，占对外直接投资总额的比重为 85.2%。具体来看，该阶段商务服务业是我国第一大对外直接投资行业，2008—2012 年其对外直接投资量共计 1248.1 亿美元，占该阶段对外直接投资总额的比重为 36.4%。该阶段的每一年度商务服务业的直接投资量都在行业投资中排名第一，这表明该阶段中国的对外直接投资已经由资源寻求型转为市场寻求型。采矿业由上一阶段的第一大行业变成该阶段的第二大行业，其在该阶段直接投资量共计 528.6 亿美元，占对外直接投资总量的比重为 15.4%，其中 2009 年、2011 年和 2012 年采矿业对外直接投资都在 100 亿美元以上，表明采矿业仍然是中国对外直接投资的重要行业。该阶段采矿业主要包括石油天然气开采业、有色金属开采业、煤炭开采和洗选业，以及黑色金属矿采选业等。金融业对外直接投资是这一阶段新进入的五大行业之一。2008—2012年金融业对外直接投资共计475.5亿美元，占对外直接投资总额的比重为13.8%，成为该阶段中国第三大对外直接投资行业。2008年和2012年中国金融业对外直接投资都突破了100亿美元，表明金融业对外直接投资已经成为中国对外直接投资中的重要行业。批发和零售业是该阶段的第四大对外直接投资行业。与上一阶段相比，其投资总量排名下降一位。2008—2012年批发和零售业对外直接投资共计427.5亿美元，占对外直接投资总额的比重为12.5%，2011年和2012年批发和零售业对外直接投资连续两年突破100亿美元，表现出良好的发展态势。制造业对外直接投资仍是中国第五大对外直接投资行业。2008—2012年制造业对外直接投资共计243.8亿美元，占对外直接投资总量的比重为7.1%。尽管在该阶段中国制造业对外直接投资的总量有所增加，但是其在直接投资总量中的比重却下降了2.7个百分点。该阶段的制造业对外直接投资主要包括专用设备制造业、汽车制造业、电器机械及器材制造业、食品制造业和化学原料及制品制造业等（图3-9）。

除了以上五大行业外，中国其他行业的直接投资也都出现了显著增加。例如，交通运输仓储业在该阶段投资总额达到了159.4亿美元，房地产业和建筑业同样也实现了快速增长，到2012年年末，中国对外直接投资已经覆盖了国民经济所有行业类别。

从投资方式来看，并购逐渐成为主要方式，2012年中国企业实现海外并购项目457个，实际交易金额434亿美元，并购涉及采矿、交通、金融等领域，行业覆盖范围广。从资金来源角度来看，该阶段股本投资是最主要的融资方式，2008—2012年新增股本投资总计1287.7亿美元，占当期对外直接投资的比重为 37.4%。由于受到金融危机的影响，中国海外企业的利润在该阶段增幅有所下降，因此 2008—2013 年利润再投资所形成的对外直接投资共计 969.6 亿美元，占当期对外直接投资的比重为 28.2%。

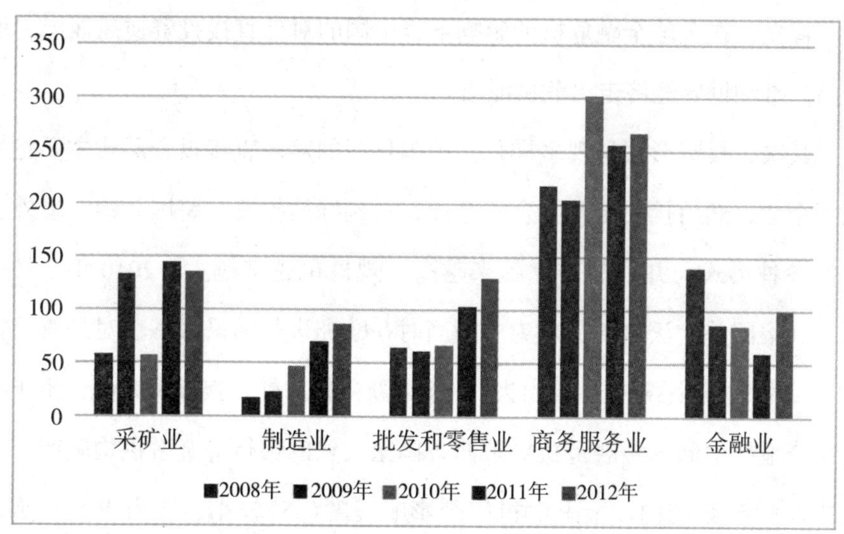

图3-9　2008—2012年中国对外直接投资的主要行业分布

数据来源：相关年份《中国对外直接投资统计公报》。

从对外直接投资的主体来看，该阶段中国对外直接投资的主体仍呈现多元化趋势，境内投资者中有限责任公司、国有企业和私营企业仍为前三甲。其中国有企业的比重呈现下降趋势，2008 年国有企业在对外直接投资企业中所占比重为 85.4%，2012 年时该比重降为 46.6%。而私营企业的比重呈现上升的趋势，2008 年私营企业在对外直接投资中所占比重为 0.3%，到 2012 年时该比重增至 2.9%。此外，地方企业的直接投资活动非常活跃，2012 年地方非金融对外直接投资存量突破千亿大关，达到 1240.6 亿美元。2008—2012 年中国地方对外直接投资流量由 58.76 亿美元增加至 342.06 亿美元，在该阶段实现了连续五年增长，年平均增长率为 55.32%，增幅高于全国。东部省份仍然是进行对外直接投资的最主要区域，广东、上海、山东、浙江和江苏对外直接投资存量排名前五位，该阶段浙江省是拥有最多境外企业数量的省份，而广东省的对外直接投资存量最多。

我国对外直接投资在此阶段出现了以下一些特征：

首先，在全球金融危机的影响下，中国的对外直接投资逆风而上，增速高，推动世界经济走出危机泥沼。

其次，投资形式呈现多样化。中国早期的对外直接投资形式主要是外贸型企业，然后扩展至开办合营企业，再到绿地投资、跨国并购、境外上市等各种形式，并购的占比越来越高，规模也越来越大，2010 年 3 月中国吉利集团并购沃尔沃，成为中国当时在欧洲进行的最大一项对外直接投资①。另外，金融机构“走出去”，掀起新一轮对外直接投资高潮，由于美国次贷危机引起的金融危机导致西方国家大量的银行等金融机构破产，但是中国的金融机构在金融危机中受影响程度相对较小，实力未受严重损失，因此有能力在危机中继续参与国际市场竞争。中国工商银行、中国银行等在 2012 年皆为世界百强企业，为对外直接投资奠定了雄厚的经济基础②。

最后，境外经贸合作区建设带动对外直接投资的发展。境外经贸合作区以企业为主体，企业在合作区内遵循市场运行规则，依据东道国投资环境和引资政策而进行决策，我国积极开展境外经济贸易合作区的建设，巴基斯坦海尔－鲁巴经济区、柬埔寨西哈努克港经济特区、中国埃及苏伊士经贸合作区等相继建立，为中国企业进入海外进行对外直接投资开辟了新

① 张荣刚、尹永波、周璐：《企业并购式成长的投融资战略分析——以吉利汽车为例》，《中央财经大学学报》，2012 年第 3 期。

② 阚景阳：《金融危机视角下金融集团风险监管研究》，《南方金融》，2012年第5期。

路径，带动了对外直接投资的发展。

同时，对外直接投资在该阶段也存在着一些问题：第一，体制性障碍依然存在，对外直接投资的监督管理机制仍不够健全，从而导致出现一些盲目投资、资产侵蚀等现象。另外，法律仍不健全，滞后于对外直接投资的发展水平。第二，投资结构不合理。从区域结构来看，投资分布不平衡，投资于亚洲的比重较高，投资于欧美比重较少。例如，2012 年中国 54.5% 的境外企业分布在亚洲，而仅有 13.8% 分布在欧洲和 11.6% 分布在北美洲；从产业角度来看，我国对外直接投资的产业结构水平较低，对初级产品的投资比重高于高新技术产业，对劳动密集型产业的投资比重高于技术密集型产业；从对外直接投资主体的性质来看，国有资本特别是国有大型企业集团和国家控股企业比重大，中小企业和私营经济比重小。第三，对外直接投资企业境外融资难、流动资金不足和我国居高不下的外汇储备并存的结构性问题。中国境内企业在进行对外直接投资过程中，依然存在着外汇寸头不足、资本缺乏的问题，金融资本和产业资本协调推进的机制还未建立，在国际市场债券融资的方式仍面临多种问题。跨国公司全球战略的实现需要有雄厚的资本作支撑，但我国银行等金融机构在海外分支机构少，服务能力有限，对对外直接投资企业支持力不足。

在该阶段，我国对外直接投资企业也面临着一些新的发展动力：第一，金融危机给中国企业带来了“新动力”。金融危机的到来使得各国纷纷竖起贸易保护主义大旗，设置各种贸易壁垒和非贸易壁垒，我国企业出口受阻，因此许多企业为了绕开壁垒、继续占有国际市场，开始到东道国进行投资建厂；许多国家采取降低利率、推动基础设施建设等扩大总需求的方式来克服经济萧条，发展本国经济，这对我国企业进行对外直接投资具有吸引作用；在本阶段，人民币不断升值降低了我国企业进行对外直接投资的成本，鼓舞了更多的中国企业“走出去”。第二，国内经济发展方式的转变也推动了我国企业对外直接投资的发展。经过多年来粗放式的经济增长，我国资源和能源消耗很大，造成了严重的环境污染和生态破坏，因此国家需要通过转变经济发展方式，提高企业自主创新能力来扭转不利局面，通过政策法律法规激励一些企业到资源和能源丰富的国家和地区投资建厂，减少国内高耗能企业，同时通过学习国际先进企业的创新经验来培养我国企业自主创新的能力。

3.6 健康规范发展阶段（2013年至今）

3.6.1 发展背景和政策支持

2013 年 9 月和 10 月，国家主席习近平在出访中亚和东南亚国家期间，先后提出了共建“丝绸之路经济带”和“21 世纪海上丝绸之路”（以下简称“一带一路”）的重大倡议[①]，2014 年 12 月在中央经济工作会议上，把实施“一带一路”提升到国家战略的层面。2015 年 3 月国家发改委、外交部和商务部联合发布《推动共建丝绸之路经济带和 21 世纪海上丝绸之路

① 习近平：《习近平谈治国理政》，外文出版社 2014 年版，第 11 页。

的愿景与行动》，系统地阐述了“一带一路”路线图[①]，中央各部门具体落实“一带一路”设想的政策层出不穷，支持企业到相关地区进行对外直接投资的鼓励性政策不断涌现，中国企业对外直接投资的便利化程度进一步提高。“一带一路”倡议充分考虑了中国“外汇储备居高不下但收益较低，富余产能具备生产比较优势但国内生产过剩”的现实国情，2017 年习近平总书记在党的十九大报告中指出，经过三十多年的改革开放，中国正在进行从“引进来”到“引进来”和“走出去”并重的重大转变，并提出要“推动形成全面开放新格局，要以‘一带一路’建设为重点，创新对外投资方式，促进国际产能合作”[②]（表 3–6）。

表3–6　中国在“一带一路”沿线国家和地区直接投资政策一览表

发布时间	机构	名称
2015年6月	最高人民法院	《关于人民法院为“一带一路”建设提供司法服务和保障的若干意见》
2015年4月	国家税务总局	《关于落实“一带一路”发展战略要求做好税收服务与管理工作的通知》
2017年4月	中国保监会	《关于保险业服务“一带一路”建设的指导意见》
2017年7月	工信部、中国国际贸易促进委员会	《关于开展支持中小企业参与“一带一路”建设专项行动的通知》
2018年7月	国家外汇管理局	《“一带一路”国家外汇管理政策概览》
2018年11月	工信部	《关于工业通信业标准化工作服务于“一带一路”建设的实施意见》

资料来源：中国一带一路网（www.yidaiyilu.gov.cn）。

① 习近平：《习近平谈治国理政》，外文出版社 2014 年版，第 12 页。

② 习近平在中国共产党第十九次全国代表大会上的《决胜全面建成小康社会夺取新时代中国特色社会主义伟大胜利》报告。

2014年5月，习近平总书记在河南考察时首提“新常态”，同年在北京举行的亚太经济合作组织（APEC）工商领导人峰会上，习近平总书记进一步阐释了新常态的三个特点①。在我国经济进入新常态后，我国对外直接投资应该具有一些新的变化。中国逐渐由适应国际投资环境转变为创造国际投资环境的角色②。

在经济发生一些新变化的背景下，一系列推动对外直接投资发展的政策相继出台。2013年商务部发布了《规范对外投资合作领域竞争行为的规定》，同年又与环境保护部联合发布了《对外投资合作环境保护指南》，要求对外企业要识别和防范环境风险，履行保护环境的社会责任③。2014年商务部发布了《境外投资管理办法》，促进和规范境外投资，提高境外投资便利化水平，取代2009年发布的《境外投资管理办法》。2015年5月国务院颁布《关于推进国际产能和装备制造合作的指导意见》，意图利用当前世界产业结构加速调整，基础设施建设方兴未艾，发展中国家大力推进工业化、城镇化过程的有利时机，推进国际产能和装备制造业合作，开创对外开放新格局④。2016年8月工信部颁布《促进中小企业国际化发展五年行动计划（2016—2020年）》，2016年12月商务部、发改委、科技部、工信部、中国人民银行、海关总署和统计局联合发布《关于加强国际合作提

① 一是经济发展速度由高速转为中高速。二是经济结构不断优化升级，第三产业消费需求逐步成为主体，城乡区域差距逐步缩小，居民收入占比上升，发展成果惠及更广大民众。三是增长动力要转换，中国经济从要素驱动、投资驱动转向创新驱动。

② 高鹏飞、辛灵、孙文莉：《新中国70年对外直接投资：发展历程、理论逻辑与政策体系》，《财经理论与实践》，2019年第5期。

③ 肖蓓：《中国企业投资“一带一路”沿线国家的生态环境风险及法律对策研究》，《国际论坛》，2019年第4期。

④ 黄群慧：《改革开放40年中国的产业发展与工业化进程》，《中国工业经济》，2018年第9期。

高我国产业全球价值链地位的指导意见》，2016 年 12 月商务部印发《对外直接投资统计工作考核办法（试行）》，以加强对对外直接投资统计管理，准确、全面和及时地反映我国各类对外直接投资的实际情况。2017 年 6 月中央全面深化改革领导小组发布《关于改进境外企业和对外投资安全工作的若干意见》，2017 年 8 月国务院办公厅、商务部、发改委、中国人民银行和外交部联合发布《关于进一步引导和规范境外投资方向的指导意见》，终止了一些增长迅速的非实体对外直接投资项目，如酒店、影城、房地产、娱乐业和体育俱乐部等。2017 年 10 月发改委、中国人民银行、商务部、外交部等 28 个部门联合发布《关于加强对外经济合作领域信用体系建设的指导意见》。

2017 年 12 月发改委、商务部、中国人民银行、外交部和全国工商联等联合发布《民营企业境外投资经营行为规范》，2017 年 12 月财政部、税务总局、发改委和商务部联合发布《关于境外投资者以分配利润直接投资暂不征收预提所得税政策问题的通知》，2018 年 1 月商务部、中国人民银行、国资委、银监会、保监会和国家外汇管理局联合发布《对外投资备案（核准）报告暂行办法》，2018 年 4 月发改委、财政部、商务部、中国人民银行、中国保监会、中国证监会联合发布《关于引导对外投融资基金健康发展的意见》，2019 年 3 月国家外汇管理局印发《跨国公司跨境资金集中运营管理规定》，加强对外直接投资的安全管理。

3.6.2　发展表现和阶段特征

从对外直接投资规模上看，该阶段中国对外直接投资规模与上一阶段相比有了进一步的扩大。2013—2018 年中国对外直接投资流量由 1078.3 亿美元增加到 1430.4 亿美元，其中 2013 年中国对外直接投资流量首次突破 1000 亿美元，之后的年份直接投资流量都在 1000 亿美元以上。从世界排名上来看，该阶段中国对外直接投资流量的世界排名始终保持在前三位，其中 2015 年、2016 年和 2018 年都处于世界第二位，这反映出我国已经成为世界上的投资大国。从对外直接投资存量上看，2013—2018 年中国的对外直接投资存量由 6604.8 亿美元增加到 19822.7 亿美元，其中 2015 年中国的对外直接投资存量首次突破 10000 亿美元大关，2016—2018 年的投资额均在 10000 亿美元之上。从对外直接投资存量的世界排名来看，2014 年中国的对外直接投资存量首次进入世界前十，此后世界排名继续攀升，2017 年达到世界第二位，这表明该阶段中国对外直接投资的规模已经进入世界前列，成为国际投资市场上的主导力量之一。

从对外直接投资的增长速度来看，2013—2018 年中国对外直接投资流量的年均增长率为 5.8%，与上一阶段相比下降了 3.6 个百分点。其中 2017—2018 年中国的对外直接投资流量连续两年出现负增长，这主要是因为世界投资环境变差和中国对外直接投资进行战略调整共同作用的结果。2013—2018 年中国对外直接投资存量的年均增长率为 24.5%，比上一阶段提高了 0.9 个百分点（表 3–7）。

表3–7　2013—2018年中国对外直接投资金额及世界排名

年份	流量		存量	
	投资额（亿美元）	世界排名（位）	投资额（亿美元）	世界排名（位）
2013年	1078.4	3	6604.8	11
2014年	1231.2	3	8826.4	8
2015年	1456.7	2	10978.6	8
2016年	1961.5	2	13573.9	6
2017年	1582.9	3	18090.4	2
2018年	1430.4	2	19822.7	3

数据来源：相关年份《中国对外直接投资统计公报》。

中国政府积极实践“一带一路”倡议，推动了中国在“一带一路”沿线国家和地区的直接投资。2013—2018 年中国在“一带一路”沿线国家和地区的直接投资量累计为 986.2 亿美元，占该阶段对外直接投资总量的比重为 11.2%，其中 2013 年、2015 年、2017 年和 2018 年中国在该地区的投资量比重均高于平均水平。2015 年中国在“一带一路”沿线国家和地区的投资量达到 189.3 亿美元，占该年度对外直接投资的比重为 13%，成为该阶段在“一带一路”沿线国家和地区投资比重最高的年份；2017 年中国在“一带一路”沿线国家和地区的投资量达到 201.7 亿美元，成为该阶段投资额最高的年份。从增长速度上来看，2013—2018 年中国在“一带一路”沿线国家和地区的直接投资流量由 126.3 亿美元增加至 178.9 亿美元，年平均增长率为 7.2%，高于该阶段中国在世界范围内对外直接投资的年均增长率（图 3−10）。

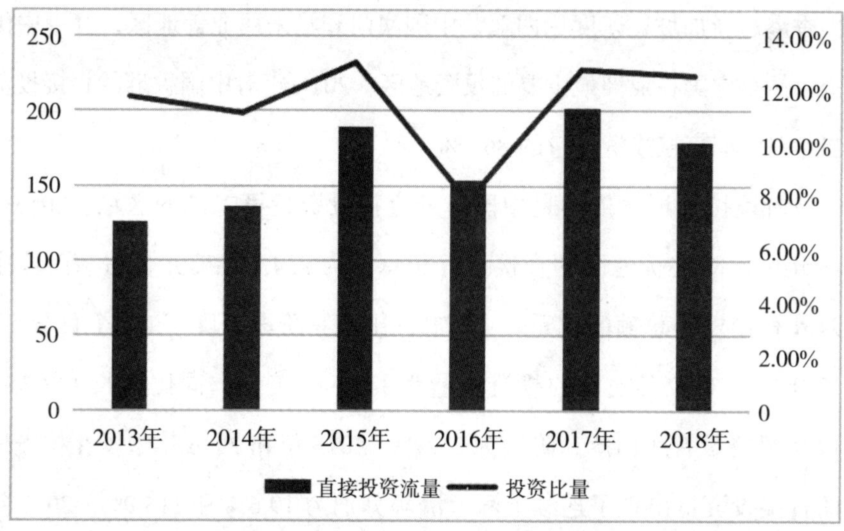

图3−10　2013—2018年中国对“一带一路”沿线国家和地区投资情况

数据来源：相关年份《中国对外直接投资统计公报》。

从地区分布来看，亚洲、拉美和北美地区是该阶段中国对外直接投资最主要的三大区域。在“一带一路”倡议推动下，中国在亚洲地区的直接投资比重继续提高。具体来看，2013—2018 年中国对亚洲地区的直接投资额共计 6147.8 亿美元，占该阶段中国对外直接投资总量的比重为 70.3%，与上一阶段相比增长了 0.7 个百分点。亚洲地区在中国对外直接投资中的重要性进一步提升，2013 年中国在亚洲的对外直接投资额为 756 亿美元，比 2012 年增加了 73.5%，2014—2016 年中国对亚洲地区的直接投资流量实现了三年的连续增长，这三年的年均增长率达到 19.89%，增速较快。其中 2015 年中国在亚洲地区的直接投资量首次突破 1000 亿美元。2017—2018 年中国在亚洲地区的直接投资量出现了下滑，下降幅度分别为 15.5% 和 4.1%。该阶段中国在亚洲地区的直接投资年均增长率为 6.9%，与上一阶段相比下降了 3.5 个百分点。该阶段中国在亚洲的直接投资主要分布在中国香港、新加坡、印度尼西亚、中国澳门和马来西亚等地区，其中中国香港仍然是中国在亚洲最主要的投资地区，2018 年对中国香港的直接投资占当年对亚洲直接投资总量的 86.2%。

该阶段拉美地区依然是中国对外直接投资量第二高的区域。2013—2018 年中国对拉美地区的直接投资额总计为 934.3 亿美元，占该阶段中国对外直接投资总额的比重为 10.7%，比上一阶段下降了 0.8 个百分点。2013 年中国对拉美地区的投资流量为 143.6 亿美元，同比增长 132.7%；2014 年投资量有所回落，降幅为 26.6%；2015 年和 2016 年中国在拉美地区的直接投资量出现了连续上涨，涨幅分别为 19.6% 和 115.9%；2017 年出现下降；2018 年实现回升。该阶段中国在拉美地区的直接投资呈现波动发展的特征，在该阶段对外直接投资的年均增长率为 0.3%，与上一阶段相比增长率明显下降。该阶段中国在拉美地区的直接投资主要分布在开曼群岛、英属维尔京群岛、巴西、委内瑞拉和阿根廷等国家和地区。

北美地区是该阶段中国对外直接投资量排名第三的地区。2013—2018 年中国在该地区的直接投资额共计 604 亿美元，占中国对外直接投资总额的比重为 6.91%，较上一阶段增加了 3.42 个百分点。2013—2016 年中国在北美地区的直接投资呈现了连续增长的局面，2015 年首次突破 100 亿美元的大关，2016 年突破 200 亿美元，增速较快。2017 年出现了大幅下降，2018 年又实现了小幅上升。该阶段中国在北美地区直接投资的年均增长率为 12.2%，继续呈现增长的态势。中国在北美地区的直接投资仍然主要流向美国和加拿大。

中国在该阶段对欧洲地区的直接投资量共计 596.5 亿美元，占对外直接投资总量的比重为 6.8%，较上一阶段降低了 0.8 个百分点。欧洲地区是该阶段中国第四大对外直接投资地区，与上一阶段相比排名下降一位。2014 年中国在欧洲地区的直接投资量首次突破 100 亿美元，达到 108.4 亿美元，同比增长 82%。2015 年出现回落后，2016—2017 年又实现了连续两年的增长，增幅分别为 50.1% 和 72.7%。2018 年投资量出现了下降。中国在该阶段对欧洲的直接投资年均增长率为 2.06%，低于上一阶段的增长水平，英国、荷兰、卢森堡、俄罗斯、德国、瑞典和法国是该阶段中国在欧洲地区的主要投资目的地。

中国在该阶段对非洲的直接投资总额为 214.4 亿美元，占对外直接投资总量的比重为 2.5%，较上一阶段下降了 1.8 个百分点。该阶段中国在非洲的投资额排名被大洋洲和北美地区超越，成为中国对外直接投资最少的区域。2013—2016 年中国对非洲地区的直接投资出现持续下降，年均下降率为 10.9%，表明这几年非洲对中国对外直接投资的吸引力降低。2017 年和 2018 年中国在非洲的直接投资额出现回升，增幅分别为 70.8% 和 31.5%。该阶段中国在非洲地区直接投资的年均增长率为 9.8%，投资主要分布在南非、刚果（金）、赞比亚、埃塞俄比亚、尼日利亚和安哥拉等国家。

中国在该阶段对大洋洲的直接投资总额为 244.1 亿美元，占对外直接投资总量的比重为 2.79%，比上一阶段降低了 0.72 个百分点。该阶段中国在大洋洲对外直接投资的年均增长率为 −9.5%，其中 2014 年和 2016 年都出现增长，其他年份都为下降水平，总体上呈现波动性。澳大利亚、新西兰、巴布亚新几内亚、萨摩亚和斐济等地区是中国在该地区的主要投资目的地。

按照对外直接投资目的地发展程度差异进行投资量的比较，结果发现 2018 年年末中国在发达国家和地区的投资存量为 2431 亿美元，占比为 12.3%，比上一阶段下降了 1.4 个百分点，其中，欧盟、美国、澳大利亚、加拿大、百慕大和瑞士是排名前六位的国家和地区；2018 年年末中国在发展中国家和地区的投资存量为 17391 亿美元，占比为 87.7%，其中，中国在转型经济体的投资存量为 305.7 亿美元[①]，说明该阶段发展中国家和地区是中国对外直接投资的主要目的地。从具体的投资目的地来看，2018 年中国对外直接投资存量排前十位的国家和地区分别为中国香港、英属维尔京群岛、开曼群岛、美国、新加坡、澳大利亚、英国、荷兰、卢森堡和俄罗

① 转型经济体包括东南欧、独联体和格鲁吉亚。东南欧包括阿尔巴尼亚、波黑、塞尔维亚、黑山、北马其顿；独联体包括亚美尼亚、阿塞拜疆、白俄罗斯、吉尔吉斯斯坦、摩尔多瓦、俄罗斯联邦、乌克兰、哈萨克斯坦、塔吉克斯坦、土库曼斯坦、乌兹别克斯坦。

斯，其存量共计 17225.92 亿美元，占比为 86.9%，较上一阶段增长了 4.2 个百分点，说明该阶段中国的对外直接投资更加集中（表 3–8）。

表3–8　2013—2018年中国对外直接投资的地区分布

年份	亚洲	北美	拉美	欧洲	大洋洲	非洲
2013年	756.0	49.0	143.6	59.5	36.6	33.7
2014年	849.9	92.1	105.4	108.4	43.4	32.0
2015年	1083.7	107.2	126.1	71.2	38.7	29.8
2016年	1302.7	203.5	272.3	106.9	52.1	24.0
2017年	1100.4	65.0	140.8	184.6	51.1	41.0
2018年	1055.1	87.2	146.1	65.9	22.2	53.9
总计	6147.8	604	934.3	596.5	244.1	214.4

数据来源：相关年份《中国对外直接投资统计公报》。

从行业分布来看，商务服务业、制造业、批发和零售业、金融业、采矿业和房地产业是该阶段中国对外直接投资的主要行业部门。2013—2018 年这六大行业对外直接投资额合计 7066.5 亿美元，占对外直接投资总额的比重为 80.8%。具体来看，商务服务业在该阶段仍然是中国第一大对外直接投资行业，2013—2018 年其对外直接投资流量总计 2709.8 亿美元，占该阶段对外直接投资总额的比重为 31%，比上一阶段降低了 5.4 个百分点。2013 年和 2014 年商务服务业实现连续增长，增幅分别为 12.2% 和 24.8%；2015 年出现小幅下降；2016 年实现大幅回升；2017 年和 2018 年中国商务服务业对外直接投资额出现递减，降幅分别为 17.5% 和 6.4%。该阶段的每一年度商务服务业的直接投资量都在行业投资中排名第一，这表明该阶段中国的对外直接投资仍然主要为市场寻求型，这种行业对外直接投资主要分布在中国香港、英属维京群岛、开曼群岛、卢森堡和荷兰等国家和地区。

制造业对外直接投资在该阶段成为中国第二大对外直接投资行业，

2013—2018 年制造业对外直接投资额总计 1144.4 亿美元，占对外直接投资总量的比重为 13.1%，比上一阶段增加了 4 个百分点，表明中国的制造业正在加速走向境外。2013—2017 年制造业对外直接投资由 72 亿美元增加至 295.1 亿美元，年平均增长率为 42.3%，增速较快。其中 2015 年中国制造业对外直接投资首次突破 100 亿美元，2018 年出现回落，降幅为 35.2%。该阶段的制造业对外直接投资主要分布在计算机通信及其他电子设备制造业、汽车制造业和化学原料及制品制造业等行业部门。

批发和零售业是中国在该阶段的第三大对外直接投资行业，与上一阶段相比，其投资总量排名上升一位。2013—2018 年批发和零售业对外直接投资共计 1116 亿美元，占对外直接投资总额的比重为 12.8%，比上一阶段增长了 0.3 个百分点。2013—2017 年批发和零售业对外直接投资由 146.5 亿美元增加至 263.1 亿美元，年平均增长率为 15.8%，2018 年出现回落，降幅为 53.4%。

金融业对外直接投资是这一阶段第四大对外直接投资行业，与上一阶段相比位次下降一位。2013—2018 年金融业对外直接投资共计 1107 亿美元，占对外直接投资总额的比重为 12.6%，与上一阶段相比下降了 1.2 个百分点。除了 2016 年金融业对外直接投资额出现下降外，其他年份都为增长，该阶段金融业对外直接投资年均增长率为 7.5%。

采矿业由上一阶段的第二大行业变成该阶段的第五大行业，地位急剧下降。在该阶段采矿业对外直接投资量共计 554.7 亿美元，占对外直接投资总量的比重为 6.3%，与上一阶段相比下降了 9.1 个百分点。2013—2017 年采矿业对外直接投资呈现出递减的趋势，特别是 2017 年由于境外企业归还境内投资主体股东贷款（即收回投资）金额增多，导致采矿业的对外直接投资额首次体现为负值。2018 年采矿业直接投资有所回升，但是它在中国对外直接投资中的地位呈现逐渐下降的态势。该阶段采矿业主要包括石油天然气开采业、有色金属开采业、黑色金属矿采选业、煤炭开采等领域。

房地产业是这一阶段第六大对外直接投资行业。2013—2018 年房地产业对外直接投资共计 434.6 亿美元，占对外直接投资总额的比重为 4.9%。2013—2016 年房地产业对外直接投资呈现持续增加的趋势，特别是 2016 年房地产业对外直接投资首次突破 100 亿美元。2017—2018 年房地产业对外直接投资出现回落，降幅分别为 55.4% 和 54.8%（表 3-9）。

除了以上六大行业外，中国其他行业的对外直接投资也都出现了显著增加。该阶段对外直接投资总额高于 100 亿美元的行业还有交通运输仓储业、农林牧渔业、信息传输与软件技术服务业、建筑业、科学研究和技术服务业、电力热力燃气及水的生产和供应业、居民服务与修理业等。

表3-9　2013—2018年中国对外直接投资的主要行业分布　单位：亿美元

年份	商务服务业	制造业	批发和零售业	金融业	采矿业	房地产业
2013年	270.6	72.0	146.5	151	248.1	39.5
2014年	368.3	95.8	182.9	159.2	165.5	66.0
2015年	362.6	199.9	192.2	242.5	112.5	77.9
2016年	657.8	290.5	208.9	149.2	19.3	152.5
2017年	542.7	295.1	263.1	187.9	−37.0	68.0
2018年	507.8	191.1	122.4	217.2	46.3	30.7
总计	2709.8	1144.4	1116.0	1107.0	554.7	434.6

数据来源：相关年份《中国对外直接投资统计公报》。

中国对外直接投资在“一带一路”沿线国家和地区的行业分布较广泛。以 2018 年为例，2018 年年末中国境内投资者在“一带一路”沿线的 63 个国家和地区设立境外企业超过一万多家，投资行业涉及国民经济 18 个行业大类，其中流向制造业的直接投资比重为 32.9%，流向批发和零售业的直接投资比重为 20.7%，流向电力生产和供应业的直接投资比重为9.4%，流向科学研究和技术服务业的直接投资比重为3.4%。由此可见，制造业对外直接投资在“一带一路”沿线国家和地区的投资量较大（图3-11）。

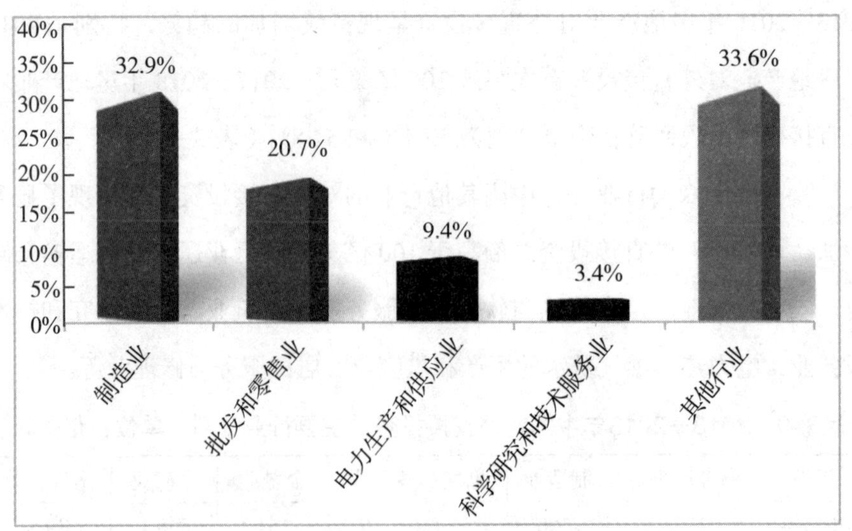

图3-11　2018年中国对“一带一路”沿线国家和地区的直接投资行业分布

数据来源：相关年份的《中国对外直接投资统计公报》。

按照三大产业划分来看，中国对外直接投资主要集中在第三产业（图3-12）。2018年年末中国对外直接投资存量中在第三产业的投资额为1.54万亿美元，占对外直接投资存量总额的比重为78%，主要分布在商务服务业、批发和零售业、金融业、房地产业和交通运输仓储业；在第二产业的投资额为0.42万亿美元，占对外直接投资存量总额的比重为21.4%，主要分布在制造业、采矿业和建筑业；在第一产业的投资额为0.01万亿美元，占对外直接投资存量总额的比重为0.6%，主要为农、林、牧、渔业。

从对各地区直接投资存量的行业分布来看，中国在亚洲的直接投资主要分布在商务服务业、批发和零售业、金融业、制造业和采矿业等行业部门，这五大行业占中国在亚洲地区投资总量的比重为83%；中国在非洲的直接投资主要分布在建筑业、采矿业、制造业、金融业和商务服务业，这五大行业占中国在非洲地区投资总量的比重为 85.1%；中国在欧洲的直接投资主要分布在制造业、采矿业、商务服务业、金融业、批发和零售业，这五大行业占中国在欧洲地区投资总量的比重为 80.5%；中国在拉美地区

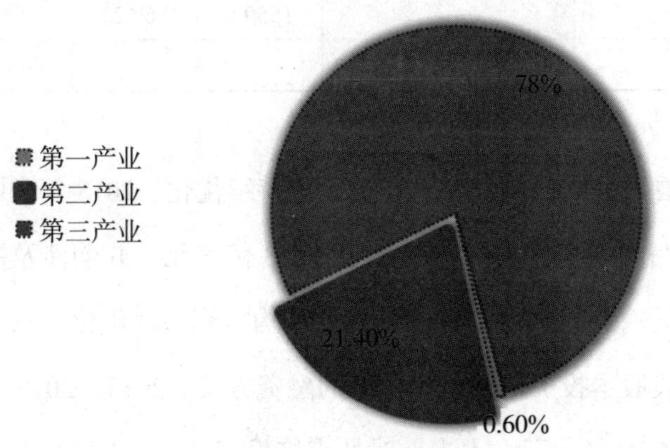

图3-12　2018年中国对外直接投资三大产业比重

数据来源：相关年份《中国对外直接投资统计公报》。

的直接投资主要分布在信息技术服务业、商务服务业、批发和零售业、金融业和采矿业，这五大行业占中国在拉美地区投资总量的比重为86.7%；中国在北美洲的直接投资主要分布在制造业、采矿业、金融业、商务服务业和信息技术服务业，这五大行业占中国在北美洲投资总量的比重为71.3%；中国在大洋洲的直接投资主要分布在采矿业、房地产业、商务服务业、金融业和制造业，这五大行业占中国在大洋洲投资总量的比重为80.6%（表3-10）。

表3-10　2018年中国对各地区直接投资存量前五位的行业

行业	亚洲	非洲	欧洲	拉美	北美	大洋洲
商务服务业	5571.3	29.7	114.1	886.7	112.0	40.8
批发和零售业	1583.3		55.9	593.0		

续表

行业	亚洲	非洲	欧洲	拉美	北美	大洋洲
金融业	1532.5	50.7	175.8	256.9	131.6	31.5
制造业	1104.8	59.7	334.3		203.6	27.2
采矿业	787.2	104.8	228.2	231.0	170.8	212.7
建筑业		147.6				
信息技术服务业				1559.6	69.2	
房地产业						43.5

数据来源：相关年份《中国对外直接投资统计公报》。

从投资方式来看，并购稳步发展，行业结构持续优化。2018 年中国企业实现海外并购项目 433 个，实际交易金额 742.3 亿美元，并购涉及制造业、采矿业、交通运输业、水力等行业，行业结构得到持续优化。从资金来源角度看，该阶段股本投资仍然是最主要的融资方式。2013—2018 年新增股本投资总计 4356.9 亿美元，占当期对外直接投资的比重为 49.8%，较上一阶段增加了 12.4 个百分点。2013—2018 年利润再投资所形成的对外直接投资共计 2634.6 亿美元，占当期对外直接投资的比重为 30.1%，较上一阶段增长了 1.9 个百分点。

从对外直接投资的主体来看，国有企业的比重继续呈现下降趋势，2013 年国有企业在对外直接投资企业中所占比重为 43.9%，而 2018 年时该比重降为 37.7%。地方企业的直接投资量进一步增加，2013—2018 年中国地方对外直接投资流量由 464.15 亿美元增加至 982.6 亿美元，其中 2016 年突破 1000 亿美元。东部省份仍为对外直接投资的最主要区域。西部地区增速较快。广东、上海、北京、浙江和山东对外直接投资存量排名前五位。

除上述发展表现外，在该阶段中国的对外直接投资还具有了一些新特征：

第一，2017 年中国对外直接投资流量首次出现负增长，表明中国对外直接投资回归理性。尽管全球经济的增长速度在 2017 年达到 3%，但对外直接投资流量却在下降，绿地投资、跨境并购分别下降了 14% 和 22%[①]，《关于改进境外企业和对外投资安全工作的若干意见》和《关于进一步引导和规范境外投资方向的指导意见》政策出台后，我国加强了对企业的监督管理，对企业对外直接投资的真实性、合规性进行审查，对外直接投资更趋于理性[②]。

第二，该阶段对外投资量超过引进外资量（图 3-13），中国成为资本净输出国家，并实现了由吸引外资为主到引进外资和对外投资并重的转变。

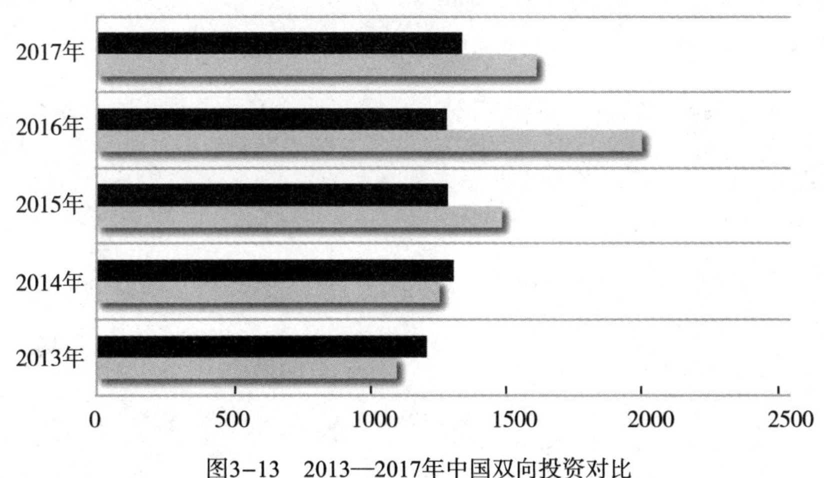

图3-13　2013—2017年中国双向投资对比

数据来源：相关年份《中国对外直接投资统计公报》和联合国贸发会议《2018 年世界投资报告》。

① 联合国贸发会议《2018 年世界投资报告》。

② 郭凌威、卢进勇、郭思文：《改革开放四十年中国对外直接投资回顾与展望》，《亚太经济》，2018 年第 4 期。

第4章
国际视角：美日韩对外直接投资发展史

本章将研究“二战”后美国、日本和韩国对外直接投资的发展变迁史。“二战”后美国、日本和韩国的经济发展史在世界经济史中占据重要地位。美国是当今世界上最发达的国家，自“二战”后其经济一直独领风骚，而美国的对外直接投资在推动美国经济发展方面具有着举足轻重的作用。日本作为“二战”的战败国，能够从战后废墟转变成世界发达国家，同样离不开其对外直接投资的贡献。韩国作为“亚洲四小龙”之一，能够成为新兴发达国家，其中一个重要原因就是积极参与世界市场，发展对外直接投资。美国、日本和韩国的对外直接投资在发展过程中都具有鲜明的本国特色，同时还具有对外直接投资发展的一般规律，对它们对外直接投资的研究，既有利于验证对外直接投资理论，又可以为他国进行对外直接投资提供经验和启示。因此，本章对这三个国家的对外直接投资发展史进行回顾，希冀寻求一些规律性的经验和特色发展路径，为中国对外直接投资的进一步发展提供国际借鉴。

4.1　美国对外直接投资发展史

美国的对外直接投资在“二战”之前就已经有了一定规模的发展，第二次世界大战后，随着世界经济形势的变化，美国对外直接投资在不同时期有着不同的特点，本书以对外直接投资的规模、增长速度、投资区域和行业等因素为主要参考指标，把美国的对外直接投资分为战后初期发展阶段（1945—1970 年）、高速发展阶段（1971—1990 年）、大规模发展阶段（1991—2015 年）和调整阶段（2016 年至今）。

4.1.1　战后初期发展阶段（1945—1970 年）

美国在 19 世纪 60 年代经过南北战争后经济开始迅速发展，与此同时也开始了对外直接投资[①]，19 世纪 90 年代后半期美国扩大了对外直接投资的规模[②]。在两次世界大战期间，由于受到战争以及经济危机的影响，美国的对外直接投资步伐有所放缓。

第二次世界大战之后，由于受到战争影响，英法德等西欧国家遭到巨

① 杨长湧：《美国对外直接投资的历程、经验及对我国的启示》，《经济研究参考》，2011 年第 22 期。

② Bullock，Charles J.，John H.　Williams：The Balance of Trade of the United States，Review of Economic Statistics，July 1919.

创，经济生产停滞，社会萧条。而与此相对的是美国在“二战”中获得了巨大利益，战后其政治、经济、军事实力独领资本主义世界。第二次世界大战后，美国由最大的债务国变成了最大的债权国，同时也成为最大的对外直接投资国。战后初期美国拥有资本主义国家工业生产量的54.3%，对外贸易的32.4%[①]，皆列世界首位。到1950年美国人均GDP为9561国际元[②]，而同期西欧12国人均GDP为5013国际元，日本人均GDP为1926国际元，美国GDP总量占世界GDP的份额高达27.3%[③]。“二战”后世界建立了新的经济秩序，联合国、世界银行、国际货币基金组织和关税和贸易总协定（世界贸易组织前身）相继建立，重新制定了世界经济运行规则，而美国在这些组织机构中具有着很强的话语权。尤其在金融领域，战后确立了以美元为主导的布雷顿森林体系（Bretton Woods system）。战后美国拥有大约250亿美元的黄金储备，约占世界黄金储备的75%[④]，这为建立一个以美元为支柱的有利于美国经济发展的国际货币体系奠定了基础。布雷顿森林体系把美元直接与黄金挂钩，可以按35美元一盎司的官价向美国兑换黄金。布雷顿森林体系的建立促进了美国对外直接投资的发展。战后美国经济高速发展，国民收入不断增加，美国对外直接投资以高于国民经济增长率的速度发展[⑤]，此外“二战”后第三次科技革命蓬勃兴起，通

① 樊亢、宋则行：《外国经济史》，人民出版社1980年版，第72页。

② 国际元也称吉尔瑞——卡密斯元（简称G-K元）。通过购买力平价比较，将不同国家货币转换成统一货币（国际元）。1990年国际元，即以1990年为基准水平。

③［英］安格斯·麦迪逊：《世界经济千年史》，北京大学出版社2003年版，第261、272、273、296页。

④ 萧国亮、隋福民：《世界经济史》，北京大学出版社2007年版，第366页。

⑤ 王志军：《资本管制到金融全球化时代的美国对外投资》，《南开学报(哲学社会科学)》，2012年第2期。

信技术水平显著提高，国际分工日益纵深化，生产和资本越来越国际化，石油、天然气、化工、电子、航空和宇航、原子能等新兴工业部门的崛起进一步推动了美国的经济发展。这些都为美国进行对外直接投资提供了可能性和必要条件。

从对外直接投资的流量来看，美国在“二战”后的初始五年（1945—1949 年）对外直接投资流量总额为 34 亿美元，1950—1954 年对外直接投资流量总额为 76 亿美元，1955—1959 年对外直接投资流量总额为 125 亿美元，1960—1964 年对外直接投资流量总额为 176 亿美元，1965—1970 年对外直接投资流量总额为 287 亿美元[①]，由此可以看出，“二战”后美国对外直接投资的规模在不断扩大。从美国对外直接投资的存量来看，“二战”结束当年（1945 年），美国的对外直接投资存量为 84 亿美元，当时已经成为对外直接投资大国（表 4–1）。之后美国对外直接投资的增长更加迅速，到 1950 年已经突破 100 亿美元，1960 年美国对外直接投资存量达到 319 亿美元，占全球总的对外直接投资存量的比例高达 48.3%，接近半数，而同时期英国为 16.3%，荷兰为 10.6%，法国为 6.2%，德国和日本各占 2% 左右，美国俨然成为对外直接投资的第一大国。

表4–1　“二战”后初期发展阶段美国对外直接投资存量　　单位：亿美元

年份	投资额	年份	投资额
1914年	26.00	1955年	194
1940年	70.00	1960年	319
1945年	84.00	1965年	495
1950年	118.00	1970年	782

数据来源：美国商务部：《现代商业概览》相关各期。

① 根据美国商务部《现代商业概览》提供的数据测算得出。

从对外直接投资的增速来看，第一次世界大战至第二次世界大战结束前（1914—1945 年）的时间段内美国对外直接投资的平均增速为 3.7%，而“二战”后各期的增速均高于战前，其中 1950—1955 年、1955—1960 年、1960—1965 年和 1965—1970 年四个时间段内对外直接投资的增速均超过 9%，呈现较高增长态势。与同期国内生产总值（GDP）的增速相比，对外直接投资的增速均高于同期 GDP 的增速（表 4–2）。

表4–2　“二战”后初期发展阶段美国对外直接投资存量和GDP增长率

年份	OFDI增速	GDP增速	年份	OFDI增速	GDP增速
1914—1945年	3.7%	—	1955—1960年	9.2%	2.55%
1945—1950年	7.0%	0.16%	1960—1965年	9.6%	5.00%
1950—1955年	10.5%	4.55%	1965—1970年	9.6%	4.02%

数据来源：《美国历史统计》、美国商务部：《现代商业概览》相关各期。

从对外直接投资分布区域来看，美国对外直接投资的重心在该阶段主要在发达国家和地区（表 4–3），对发展中国家和地区的投资总规模虽然有一定量的增长，但是投资比例却呈现出不断下降的趋势。例如，1950 年美国在发达国家和发展中国家的直接投资比重大致相当，1960 年美国在两个地区的投资比重已经呈现出明显的差异，到 1970 年美国对发达国家和地区的对外直接投资比重达到了 68.7%，而在发展中国家和地区的比重下降到了 25.4%，由此可看出该阶段美国对外直接投资重心的转移。出现这种现象的原因主要有：第一，“二战”后以西欧为代表的发达国家和地区受到美国“马歇尔计划”的影响，经济开始复苏，国内产品和资本技术需求量大，这为美国在该地区进行直接投资奠定了基础；第二，从政治、经济和法律等制度的完备性看，发达国家在这些方面要比发展中国家具有优势，发达国家投资环境较好；第三，发展中国家经济发展水平低，对外资容纳力有限，发展中国家由于其所处的发展阶段，尽管对外资需求高，但因为其发展水平、消费偏好、产业结构、二元经济等方面的约束，使得其无法消化大规模的对外直接投资；第四，第三次科技革命在“二战”后蓬勃发展，许多新材料出现，这导致发展中国家作为原料供应地的地位被削弱，其重要性显著降低，进而促使美国对外直接投资重心实现转移[①]。

表4–3　“二战”后初期发展阶段美国对外直接投资的地区分布（%）

年份	总额	发达国家（地区）	发展中国家（地区）	国际机构
1950年	100.0	48.4	48.7	2.9
1955年	100.0	55.1	41.4	3.5
1960年	100.0	60.6	34.9	4.5
1965年	100.0	65.3	30.7	4.0
1970年	100.0	68.7	25.4	5.9

数据来源：美国商务部：《现代商业概览》相关各期。

从对外直接投资的行业分布来看，美国对外直接投资重心在该阶段由农业、矿业石油业向制造业和金融服务业转变[②]。从相对数量上看，由表 4–4 可知，1950 年美国对外直接投资的行业重点主要集中在矿业和石油业，制造业和服务业也占据着较大比重，其中制造业在对外直接投资中的比重达到三分之一。到 1960 年时，矿业和石油业、制造业投资比例均有所上升，其中矿业石油业增加的比重更高，服务业比重呈现出下降趋

① 陈继勇：《美国对外直接投资研究》，武汉大学出版社 1993 年版，第 68 页。

② 1985年美国商务部公布关于美国对外直接投资普查结果，确定以1982年为基点，不再对矿业单独分类，而是将其归入其他行业，同时增加了服务行业。调整后的服务行业主要包括六项：旅馆、商业服务、影视、工程和房屋设计服务、卫生保健和其他服务等。其他行业主要包括农林渔业、矿业、建筑、运输通讯和公共工程、零售贸易等。

势。到 1970 年，美国制造业对外直接投资仍呈现出增长趋势，并且超过了矿业石油业的投资比重，约占对外直接投资总量的四成，其在美国对外直接投资行业分布中占据第一位，而服务业的投资比重仍然在下降。从绝对数量上来看，美国制造业对外直接投资存量从 1950 年的 38.31 亿美元增加到 1970 年的 1557.04 亿美元，增长了近 40 倍。由此可知，战后初期阶段美国制造业对外直接投资增长显著。出现这种现象的原因有：首先，“二战”后美国经济发展迅速，国内生产力水平不断提高，从而导致要素价格尤其是劳动要素的价格持续攀升，而制造业属于劳动密集型产业，在美国国内生产会面临高昂的成本，因此美国制造业开始走出国门到境外投资；其次，从产业结构方面来看，美国国内在该阶段随着技术和生产力的进步，产业结构在不断优化升级，而企业进行对外直接投资也必然会因为溢出效应而实现产业结构的优化升级；最后，从国际局势来看，“二战”后新兴民族国家的产业政策客观上推动了美国对外直接投资的产业升级：一方面，由于这些国家政府开始重视对自然资源的保护，严格限制外国资本控制本国资源，进而导致美国对外直接投资由矿业、石油业等行业向制造业转变；另一方面，这些国家为了实现工业化制定了许多优惠政策吸引制造业，这有利于美国加大对这些地区的制造业对外直接投资，从而提高了产业结构水平。

表4–4　“二战”后初期发展阶段美国对外直接投资的行业分布（%）

年份	总额	矿业石油业	制造业	服务业	其他行业
1950年	100.0	38.3	32.5	18.6	10.6
1960年	100.0	43.3	34.7	14.3	7.7
1970年	100.0	35.7	41.3	12.0	11.0

数据来源：美国商务部：《现代商业概览》相关各期。

从对外直接投资的形式和方式来看，美国对外直接投资形式和方式日益多样化。在参股形式方面，在“二战”之前，美国对外直接投资主要以独资企业为主导，“二战”后随着国际形势的日益复杂化，美国对外直接投资的政策也有所改变，同时企业内部管理方式也在不断创新，这导致“二战”后以合资、合营以及非股权参与等形式的美国对外直接投资企业成为主流。从对外直接投资方式来看，绿地投资和收购成为“二战”后美国对外直接投资的两种最主要方式。美国对外直接投资会根据东道国发展程度的差异采取不同的投资方式。例如，在发达国家进行对外直接投资，美国企业往往采用收购方式，因为收购方式能够缩短企业进行直接投资的时间，便于美国企业可以迅速进入市场和发展生产，同时发达国家先进的管理水平和生产技术可以被美国直接借用；而在发展中国家和地区，绿地投资成为美国对外直接投资企业采取的主要方式，之所以采用该种方式，首先是因为美国可以获得对投资企业的绝对领导权，并且可以依据有关条件选择办厂规模和区位，其次可以充分发挥美国企业的先进生产方式和管理经验，把自己的垄断优势转换为成熟的生产设备和生产工艺，最后美国可以有效约束发展中国家的员工，避免发展中国家低效率的生产管理方式和员工习惯等。

美国对外直接投资在 1945—1970 年出现了投资规模扩大、增速提高、向发达国家转移、制造业比重上升，以及投资形式和方式的多元化等特征，除了上述导致这些变化的原因外，还受到美国对外直接投资政策变化的影响。美国政府对对外直接投资政策的制定主要依据国际经济发展形势和美国对外直接投资发展所处的阶段，通过政策的实施可以反映出美国政府对对外直接投资的支持和约束，这些政策主要分为以下三类：制度保障类、财税金融保障类和信息技术援助类[①]。其中，制度保障类政策非常广

① 商德文：《海外国际性投资模式比较》，经济日报出版社 1994 年版，第 114 页。

泛，例如在“二战”之后，为保护国外的直接投资，美国政府先后制定了《经济合作法》和《共同安全法》，以法律形式支持对外直接投资的发展。美国的对外直接投资主体绝大多数都为私人企业，美国政府在“马歇尔计划”实施过程中，制定了海外投资保证制度。美国对外直接投资政策支持的另一类为财税金融保障类，主要通过设立相关机构支持对外直接投资，比较有代表性的机构有美国进出口银行和中小企业管理局等。美国进出口银行是由美国政府开设的，它不以盈利为目的，资金来源于美国财政部，对对外直接投资的支持具有稳定性，它主要为美国企业的海外贸易和投资服务，特别是对私人对外直接投资进行贷款支持。美国的中小企业管理局成立于 1958 年，主要对中小企业的对外直接投资进行资金支持。此外，美国还经常采用降税的方式鼓励企业进行对外直接投资。第三类政策支持为信息技术援助。在市场经济中，信息就是资源，拥有丰富的信息更有利于企业做出正确的决策。美国政府非常重视对信息资源的收集，通过设立海外情报机构等相关机构收集国际市场信息，从而为对外直接投资企业提供情报，支持企业的对外直接投资。具体来看，这些机构通过收集东道国政治、经济、文化、宗教和法律等制度信息，进而降低企业对外直接投资时的不确定性，同时通过建立对外直接投资企业数据库，为寻找海外合作企业创造了条件。另外，通过政府提供的书刊、相关会议和企业洽谈会等方式，企业也可以获得投资信息。

4.1.2 高速发展阶段（1971—1990 年）

进入 20 世纪 70 年代后，美国经济进入低增长率、高失业率和高通胀率并存的“滞胀”阶段。与上一阶段相比，美国在 1970—1979 年经济的平均增长率为3.2%[①]，失业率更是高达8%，通货膨胀率一度达到了12%~14%[②]。在金融方面，以美元为中心的布雷顿森林体系宣告崩溃，美元的霸主地位日益动摇。从国际上看，西欧和日本经过经济的恢复和发展，逐渐成为美国的主要竞争对手，他们通过在国际上与美国的竞争削弱了美国的经济优势。在美国经济不景气的背景下，美国的资本在利润的驱动下出现大量外流。到了20世纪80年代，美国里根政府摆脱凯恩斯主义，采用货币学派和供给学派的观点，通过减税等宏观手段使得美国逐渐走出“滞胀”阶段，经济又逐渐发展起来。从国际环境来看，经济全球化现象越来越明显，贸易和投资作为推动经济全球化的两个轮子，在世界范围内发展迅速。

美国在该阶段的对外直接投资随着美国国内环境和国际环境的变化呈现了一些显著的特点：

从对外直接投资流量来看，美国在该阶段呈现出稳定高速增长态势。1973年美国对外直接投资流量首次突破100亿美元，此后不断上涨，在1979年美国对外直接投资流量达到一个峰值，为264.9亿美元，之后出现了回落，1984年后又开始呈现上涨的趋势。之所以会出现这种变化态势，是由于美国经济发展变化引起的。1970—1979年美国在遭受到“滞胀”影响下，国内经济增长乏力，资本获利能力减弱，美国国内资本纷纷外逃，企业扩大了对外直接投资量。而到了1981—1984年，里根政府的减税政策导致美国财政赤字大幅上升，联邦债券的大规模发行推动了利率的上升，美元相对其他货币开始升值，这导致美国在国外的资金出现大规

① 萧国亮、隋福民：《世界经济史》，北京大学出版社2007年版，第374页。

②［美］杰夫·马德里克：《经济为什么增长》，中信出版社2003年版，第108页。

模回流，对外直接投资量呈现出下降的态势。1985 年美国政府通过与日本签订《广场协定》，使美元出现贬值，打击了在海外市场上的强劲对手——日本，自 1985 年后，美国的对外直接投资重新实现快速发展[①]（图 4–1）。

从对外直接投资的存量来看，美国在 1975 年的对外直接投资已超过了 1000 亿美元，自“二战”后美国始终保持着对外直接投资世界第一大国的地位。进入 20 世纪 80 年代，美国对外直接投资存量超过 2000 亿美元，继续呈现上升趋势。到 1990 年年末，美国对外直接投资存量达到 7317.6 亿美元，约占世界对外直接投资存量总和的 33%[②]（图 4–2）。

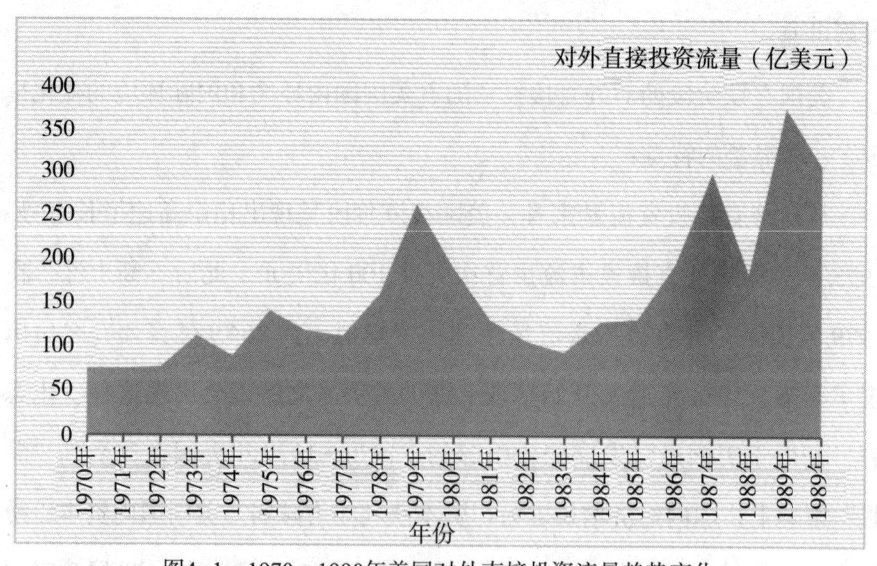

图4–1　1970—1990年美国对外直接投资流量趋势变化

数据来源：联合国贸发会议（UNCTAD）。

①［美］罗伯特·布伦纳：《繁荣与泡沫：全球视角中的美国经济》，经济科学出版社 2003 年版，第 109 页。

② 数据来源于联合国贸发会议发布的相关年份《世界投资报告》。

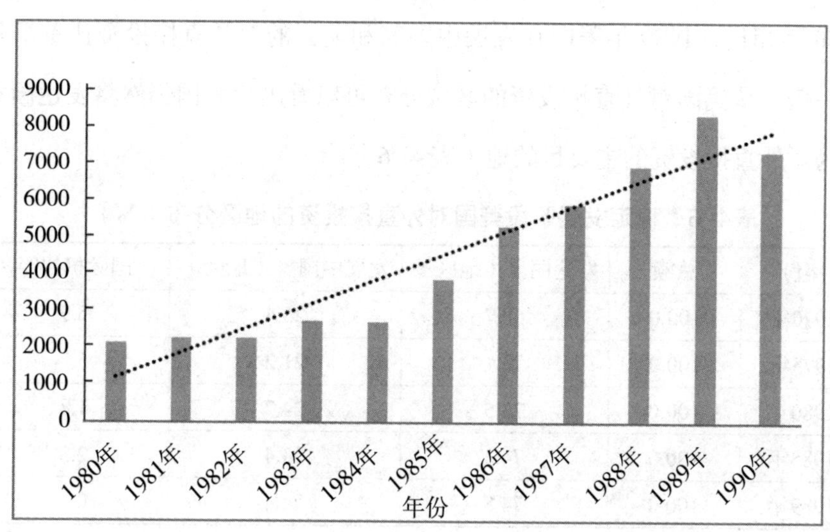

图4-2　1980—1990年美国对外直接投资存量趋势变化

数据来源：联合国贸发会议（UNCTAD）。

从对外直接投资的增速来看，在该阶段美国对外直接投资存量的增速要高于上个阶段（1945—1970 年），并且在 1985—1990 年的对外直接投资增速更是达到了 14.9%，远远高于同期 GDP 的增速。这表明尽管美国受到经济放缓的影响，但是它的对外直接投资在本阶段内仍然处在高速稳定发展阶段（表 4-5）。

表4-5　稳定发展阶段美国对外直接投资存量和GDP增长率

年份	OFDI增速	GDP增速	年份	OFDI增速	GDP增速
1970—1975年	9.7%	2.69%	1980—1985年	13.2%	3.32%
1975—1980年	11.4%	3.69%	1985—1990年	14.9%	3.33%

资料来源：美国商务部：《现代商业概览》相关各期、联合国贸发会议（UNCTAD）。

从对外直接投资的区域分布来看，该阶段美国对发达国家和地区的对外直接投资比重继续呈现上升趋势，1970 年超过六成，1975—1989 年都超过七成，而对发展中国家和地区的对外直接投资比重呈现下降趋势，与

1950 年相比，1989 年美国在发展中国家和地区的对外直接投资比重下降了一倍。从美国对外直接投资的区位分布可以看出，美国仍然将发达国家作为对外直接投资的主要目的地（表 4–6）。

表4–6　稳定发展阶段美国对外直接投资的地区分布（%）

年份	总额	发达国家（地区）	发展中国家（地区）	国际机构等
1970年	100.0	68.7	25.4	5.9
1975年	100.0	73.1	21.2	5.7
1980年	100.0	73.5	24.7	1.8
1985年	100.0	74.3	23.4	2.3
1989年	100.0	74.8	24.4	0.8

数据来源：联合国贸发会议（UNCTAD）。

从对外直接投资的行业分布来看，该阶段美国的对外直接投资中矿业石油业仍然呈下降态势，而制造业比重趋于稳定，约占四成。该阶段美国服务业对外直接投资比重呈现出上升趋势，到 1989 年年底，服务业的比重与制造业对外直接投资的比重趋于一致。在劳动成本越发高昂的背景下，美国许多低端服务业纷纷转移到国外，这推动了美国服务业对外直接投资的发展（表 4–7）。

表4–7　稳定发展阶段美国对外直接投资的行业分布（%）

年份	总额	矿业石油业	制造业	服务业	其他行业
1970年	100.0	35.7	41.3	12.0	11.0
1980年	100.0	25.0	41.7	28.2	5.1
1985年	100.0	25.1	41.1	28.3	5.5
1989年	100.0	15.5	41.7	38.4	4.4

数据来源：联合国贸发会议（UNCTAD）。

除了上述特征外，美国对外直接投资在该阶段的资本来源日益多元化。随着世界经济分工更加专业化和复杂化，对外直接投资的资本来源与上个阶段相比更加广泛。根据相关研究发现，美国对外直接投资的资本来源主要包括海外子公司的利润再投资、母公司的股权投资和跨国企业资本的内部流动等。在 20 世纪 80 年代之前，母公司的股权投资和跨国企业的资本内部流动是美国对外直接投资的资本来源最主要的方式，而在 20 世纪 80 年代后，海外子公司的利润再投资占资本来源的比重越来越大，逐渐成为资本来源的最主要方式。出现这种现象的主要原因是：第一，美国对外直接投资企业凭借着先进的管理水平和科学技术水平在海外可以获得高额利润，这是海外子公司实现利润再投资的基础和前提；第二，美国里根政府在 20 世纪 80 年代进行了大刀阔斧的经济改革，其中包括实行税制改革增加对海外投资课税，这制约了国外直接投资的利润回流，客观上推动了海外子公司的利润再投资；第三，美国在经历"滞胀"后，经济在 20 世纪 80 年代开始复苏，国内投资环境变好，同时里根政府实行财政赤字和货币紧缩的宏观政策，导致美国国内资本相对稀缺，因此企业进行资本外流的动力不足，进而导致上述局面的形成①。

美国在该阶段继续成立一些相关机构支持美国的对外直接投资，其中比较有代表性的机构就是海外私人投资公司（Overseas Private Investment Corporation，OPIC）。海外私人投资公司成立于 1971 年，它是具有营利性的非政府机构，它作为一种补充服务手段，提供美国商业银行不能提供的金融服务②。海外私人投资公司的服务对象只有美国企业，只对美国人的投资进行金融支持。它的主要业务是为在新兴国家和发展中国家投资的美国企业提供金融支持，具体包括：为企业提供资金借贷和资金借贷担保；对

① 萧国亮、隋福民：《世界经济史》，北京大学出版社 2007 年版，第 375 页。
② 商德文：《海外国际性投资模式比较》，经济日报出版社 1994 年版，第 116 页。

支持美国对外直接投资的私人投资基金进行信贷支持；对美国对外直接投资企业进行政治风险担保；为美国对外直接投资企业提供有益信息，为其投资创造机会。

对外直接投资企业在国外发展要受到东道国的监督和约束，面临着政治风险和挑战，所以美国政府和相关保险机构对海外投资者提供保险支持，主要包括外汇险、战争险和征用险等。外汇险是对对外直接投资企业在外汇兑换上遇到的风险而进行的补偿，比如当对外直接投资企业的收益无法在东道国兑换成美元汇回美国时，就可以申请外汇险。战争险是由于东道国发生战争、动乱或革命导致投资者全部或部分经济受损时，美国政府提供的保险补偿。征用险是当东道国政府对美国对外直接投资项目实施征用、没收或国有化时，美国政府对资产受损的企业进行的保险补偿。

除了金融和保险支持外，美国政府还对企业对外直接投资进行外交支持，这主要表现在两个方面：一方面是积极和别国签订双边和多边投资保护协定以保护美国企业的利益，另一方面是美国政府通过外交机构对企业投资的国家和地区进行外交施压，从而帮助美国企业解决在海外投资过程中所遇到的困难和问题。从 20 世纪 80 年代起美国加大与其他国家缔结投资保护协定的力度，1982 年美国与巴拿马签订了双边投资保护协定（BIT），这是美国与外国签订的第一份投资协定。此外“跨太平洋伙伴关系协定”（TTP）和“跨大西洋贸易与投资伙伴协议”（TTIP）是美国与亚洲太平洋地区发达国家和欧盟国家重新制定的贸易投资规则，倡导建立面向 21 世纪的、综合性、高标准的贸易投资规则，美国在新规则制定过程中掌握着话语权，因此美国从中获得了制度竞争优势。

4.1.3　大规模发展阶段（1991—2015 年）

进入 20 世纪 90 年代后，美国以信息技术为核心的高新技术产业得到快速发展，美国经济经历了一段较长时间的连续增长，例如 1990—2004 年美国 GDP 的平均增长率为 2.9%[①]。同时美国的通货膨胀率要低于 20 世纪七八十年代的通胀水平，失业率曾一度降低至 4% 左右。美国经济顾问委员会把 20 世纪 90 年代这种经济发展模式称之为新经济[②]。进入 21 世纪后，美国经济出现下滑趋势，2008 年爆发金融危机后更是陷入增长困境。尽管在该阶段美国的经济发展出现了较大的起伏，但是美国的对外直接投资却几乎没有受到经济变化的影响，一直呈现快速发展的态势。

从对外直接投资的流量上看，1991—2015 年美国对外直接投资流量由 326 亿美元增加到 2643 亿美元，增加了 7 倍多，其中 1998 年美国的对外直接投资流量首次突破 10000 亿美元，远远高于其他国家和地区（图 4-3）。从对外直接投资的存量来看，1991 年美国对外直接投资存量为 8275 亿美元，到 2015 年年末达到 60592 亿美元，增加了 6 倍多（图 4-4）。美国对外直接投资世界第一大国的地位更加稳固，1990 年美国对外直接投资流量占全球总的对外直接投资量的 12.8%，1999 年这一比重攀升到 19.1%，2015 年增加到 37%，对世界对外直接投资具有重要的影响。

① 根据路易斯联储银行的美国经济数据包中的数据测算得出，数据来源于 U.S.Department of Commerce:Bureau of Economic Analysis。

② 来源于《经济顾问委员会年度报告》文章，2001 年，第 23 页。

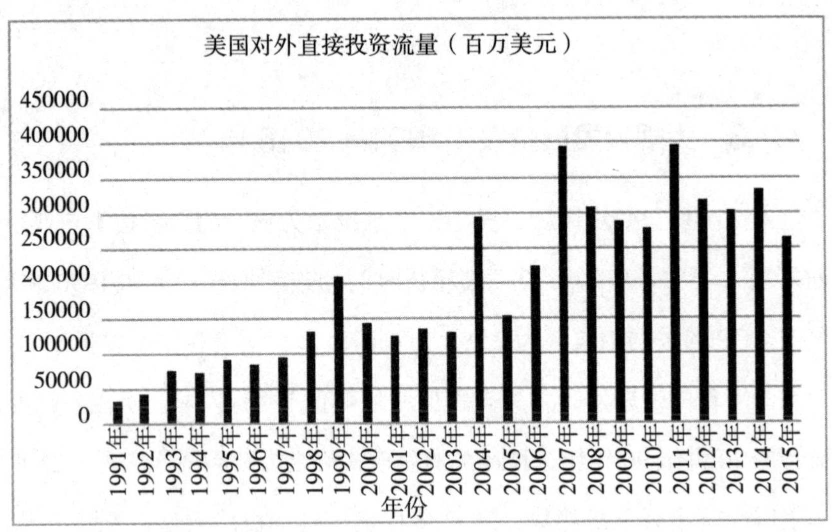

图4-3　1991—2015年美国对外直接投资流量趋势变化

数据来源：联合国贸发会议（UNCTAD）。

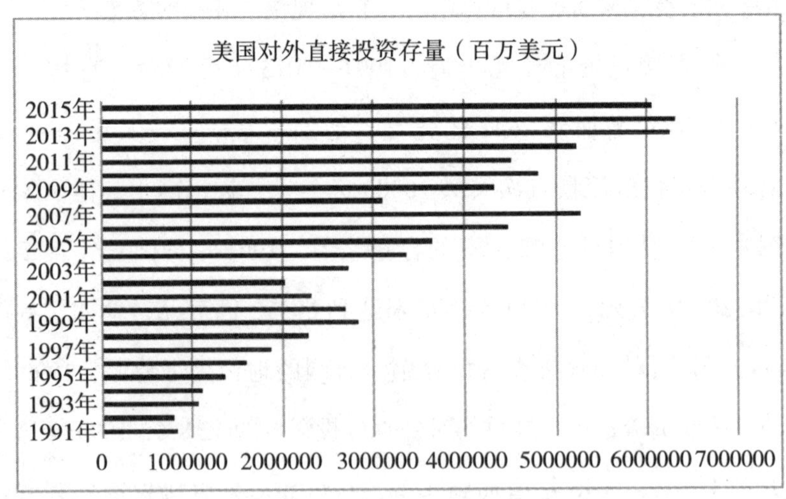

图4-4　1991—2015年美国对外直接投资存量趋势变化

数据来源：联合国贸发会议（UNCTAD）。

从对外直接投资的区域分布来看，尽管发达国家仍然是美国最主要的投资目的地，但是在20世纪90年代（1990—1999年），美国在发展中国家总的对外直接投资额达到3341亿美元，相当于20世纪80年代美国对其直接投资总额的 8 倍多。而同期美国对发达国家的对外直接投资比重由 20 世纪 80 年代的 72.3% 下降到 64%。进一步来看，美国在不同发展程度经济体的内部也出现了投资的翻转。例如，20 世纪 90 年代在发展中国家和地区的投资区位选择中，美国在拉美地区的直接投资比重出现上升，由 80 年代的 34.1% 上升到 46.9%，究其原因主要是 20 世纪 80 年代拉美许多国家纷纷陷入“中等收入陷阱”，经济出现负增长，投资环境恶化，投资利润降低，因此美国减少了在该地区的投资。进入 20 世纪 90 年代后，拉美国家的经济开始好转，投资环境变好，同时放松了对外来资本的限制，这导致了美国在拉美地区直接投资的上升。美国对亚洲和非洲的发展中国家的直接投资比重在该阶段较为稳定，变化较小。在对发达经济体投资区位选择中，日本成为美国降低对其直接投资的发达经济体之一。日本在泡沫经济崩溃后陷入了长时间的萧条，国内投资环境差，美国资本纷纷逃离日本，在 2004 年时美国对日本的直接投资比重下降到 2.4%。而随着 1989 年加拿大和美国自由贸易协定的签署，加拿大成为美国直接投资的重要区位选择，美国在加拿大的直接投资迅速增加，由 20 世纪 80 年代的 7.3% 上升到 90 年代的 9.6%。美国对西欧的直接投资虽然在绝对数量上增长较多，但是投资比例却趋于稳定，一直占对发达国家和地区总直接投资额的 70% 左右，始终是最主要的投资目的地。

从对外直接投资的行业分布来看，在金融危机爆发前，美国制造业对外直接投资在该阶段出现了下降的趋势，由 1990 年的 53.3% 降至 2005 年的 23.6%。与此同时，制造业内部行业比重也出现了变化，1990 年时化工及相关产品制造业、工业机器设备制造业和交通运输设备制造业分居制造业投资流量的前三甲，而到 2005 年，化工及相关产品制造业、电子及电器制造业和交通运输设备制造业成为前三，说明在该阶段电子及电器制造业相对别的制造业来说发展速度较快。在该阶段服务业对外直接投资呈现出快速增长的态势，由 1990 年的 32.3% 上升至 2005 年的 71.4%。从绝对数量来看，1990 年美国服务业对外直接投资为 99.8 亿美元，而在 2005 年增长到 1637.3 亿美元，增加了 15 倍多，无论从绝对量上还是相对量上，都说明美国服务业对外直接投资成为该阶段最主要的对外直接投资行业。这主要是因为 20 世纪 90 年代以后，经济全球化的趋势更加明显，资源在全世界范围内进行配置，以银行为代表的服务业为获得巨额利润迫切需要走出美国，到急需资金的地区进行金融服务，进而加速了服务业的对外直接投资。金融危机后，美国对外直接投资行业分布没有出现较大的变化，制造业对外直接投资的比重稳定在 13.5% 左右，而服务业对外直接投资仍然呈现增长趋势，说明尽管 2008 年的金融危机对美国国内经济发展产生了消极影响，但是却没有显著影响到美国的对外直接投资（表 4–8）。

表4–8　大规模发展阶段美国对外直接投资的行业分布（%）

年份	总额	矿业石油业	制造业	服务业	其他行业
1990年	100.0	13.2	53.3	32.2	1.3
1995年	100.0	0.7	48.2	50.4	0.7
2000年	100.0	1.4	30.1	67.6	0.9
2005年	100.0	4.5	23.6	71.4	0.5
2009年	100.0	4.6	14.1	75.0	6.3
2011年	100.0	4.9	13.2	75.2	6.7
2013年	100.0	4.6	13.6	75.6	6.2
2015年	100.0	3.0	13.1	77.9	6.0

数据来源：U.S.Department of Commerce:Bureau of Economic Analysis。

美国政府在该阶段仍然积极采取措施鼓励和支持美国的对外直接投

资企业，1992 年美国与加拿大和墨西哥共同签订了《北美自由贸易区协定》，企图推动三国之间的贸易和对外投资的发展，该协定中明确规定：一是给贸易区内别国投资者以国民待遇、最惠国待遇、公平和公正待遇等一系列强制性的待遇标准；二是设立相关仲裁机构以解决投资者与东道国之间的争议。尽管美国对企业对外直接投资采取鼓励和支持政策，但是美国政府同时也会对直接投资进行一定的管理和约束。美国政府认为经济利益不是对外直接投资的唯一目的，所以鼓励和支持投资者的权益也不是其制定相关政策及法规的唯一目的。由于经济的不确定性及美国所谓的“威胁国”的存在，促使美国政府对对外直接投资采取一定范围和程度的管理和约束，主要包括：对投资国进行技术转让时设置一定的管理和约束；政府对对外直接投资企业的反腐败的限制；海外追税的限制，因为美国一系列推动对外直接投资的优惠税收政策为企业逃税创造了一定的机会，所以海外追税也成为重要限制目标。

4.1.4　调整阶段（2016 年至今）

由于执政理念的不同，2017 年特朗普政府执政后，调整了往届美国政府倡导的自由对外直接投资政策，开始频繁干预和限制美国企业的对外直接投资，更加强调“美国优先”和经济主权，弱化投资争端解决机制①。具体来看，特朗普之前的几届美国政府认为企业对外直接投资不仅可以满足美国对资源和能源的需求、推动产品出口、平衡美国的国际收支，还可以传播美国的政治和经济价值观，保持美国在世界范围内的影响力。有学者

① 吴其胜：《特朗普政府的国际投资政策调整及其影响》，《国际展望》2018 年第 6 期。

认为，美国的跨国企业是维护美国世界霸权地位的三大支柱之一（另外两大支柱为核优势和美元的国际地位）[①]。2016 年特朗普在总统选举期间就明确反对美国企业尤其是制造业转移到国外，认为会减少美国就业岗位，增加贸易赤字，削弱美国经济。2017 年特朗普正式执政后就采用“胡萝卜加大棒”的方式制约美国的对外直接投资。一方面是以减税和优惠补贴为诱饵鼓励美国海外企业迁回国内，另一方面以征收惩罚性关税和减少政府采购等方式威胁企图进行对外直接投资的企业。特朗普政府还主张弱化投资争端解决机制，他认为其削弱了美国对对外直接投资企业的监管权，影响了美国的主权地位，加快了美国企业进行对外直接投资的进程。从国际视角来看，贸易保护主义和“逆全球化”现象频频出现，国际直接投资量不断萎缩，2016 年至 2018 年连续三年出现下降，在这种背景下，美国的对外直接投资发生了一系列变化：

从对外直接投资的存量来看，2016 年美国对外直接投资存量为 5.58 万亿美元，而 2017 年为 6.01 万亿美元，到了 2018 年为 5.95 万亿美元，比 2017 年减少了 600 亿美元。2016 年和 2017 年美国对外直接投资存量占全球总的直接投资存量的比重分别为 24.4% 和 25.3%，而 2018 年该比重下降到 20.9%，由此可说明特朗普政府采取的限制对外直接投资的政策取得了明显效果。从对外直接投资的流量来看，2016 年、2017 年美国对外直接投资流量分别为 2990 亿美元和 3422.7 亿美元，而 2018 年则为负值，进一步说明了美国海外企业在回迁。

从对外直接投资的区域分布来看，欧洲仍然是美国对外直接投资的主

①［美］罗伯特·吉尔平：《跨国公司与美元霸权》，东方出版社 2011 年版，第 124~129 页。

要区域，尽管特朗普政府强调海外企业收缩投资回迁国内，但是在欧洲的美国对外直接投资量不仅没有下降，反而增加了 570 亿美元；亚洲和太平洋地区、拉美地区则是美国对外直接投资大量减少的地区，分别减少了 549 亿美元和 757 亿美元；美国对中东、非洲和加拿大的直接投资变化较小。由此可见，美国对外直接投资的回缩具有地区选择性（图 4-5）。

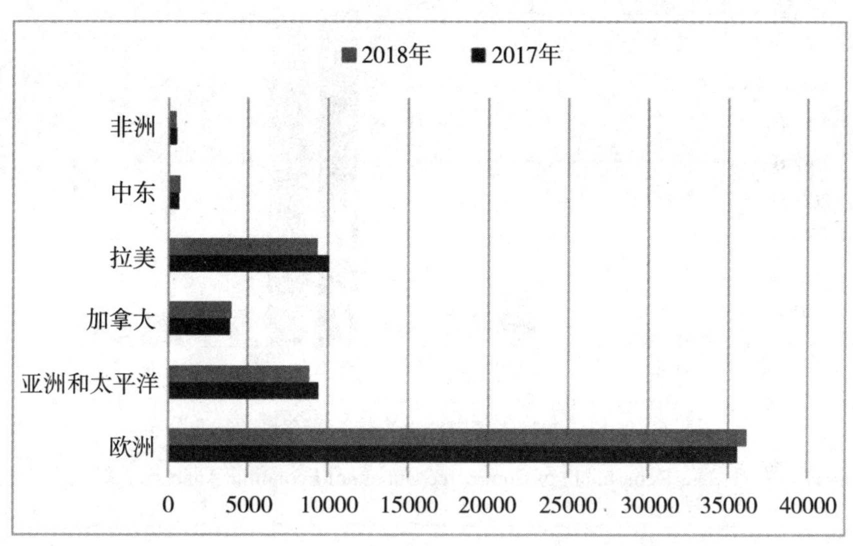

图4-5　2017—2018年美国对外直接投资存量的地区分布

数据来源：U.S.Department of Commerce:Bureau of Economic Analysis。

从对外直接投资的行业分布来看，2017—2018 年美国服务业对外直接投资仍然是美国投资占比最大的行业，其次是制造业。在特朗普政府执政后，服务业和制造业对外直接投资都出现了较大幅度的下降，2018 年美国服务业对外直接投资同比下降 2%，制造业对外直接投资同比下降 33%，是美国对外直接投资史上制造业的最大下降幅度（图 4-6）。将制造业进一步分为食品制造业、化工制造业、金属制造业、计算机电子设备制造业、通用设备制造业、运输设备制造业和其他制造业来看，化工制造业和计算机电子设备制造业是美国对外直接投资中投资额最高的两个制造业，由图

4-7 可知，2018 年在食品制造业等对外直接投资出现大幅下降时，化工制造业却不降反升，并超越计算机电子设备制造业，成为美国制造业中对外投资额最高的行业。

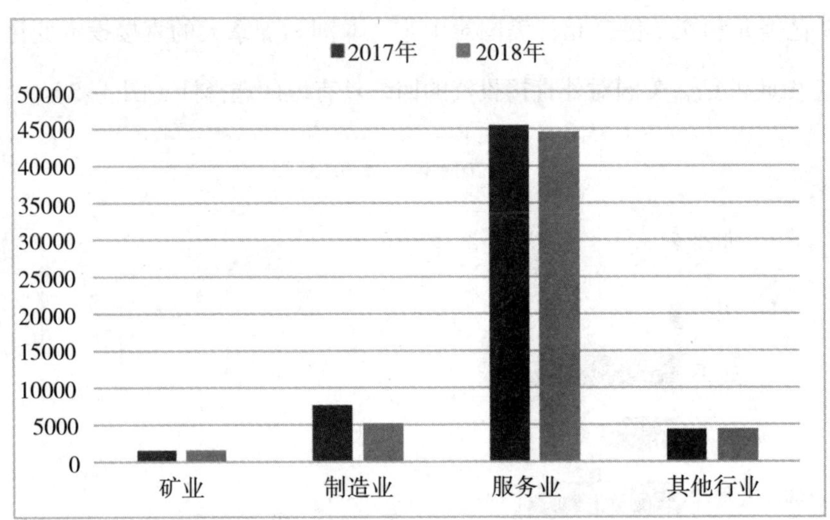

图4-6　2017—2018年美国对外直接投资存量的行业分布

数据来源：U.S.Department of Commerce:Bureau of Economic Analysis。

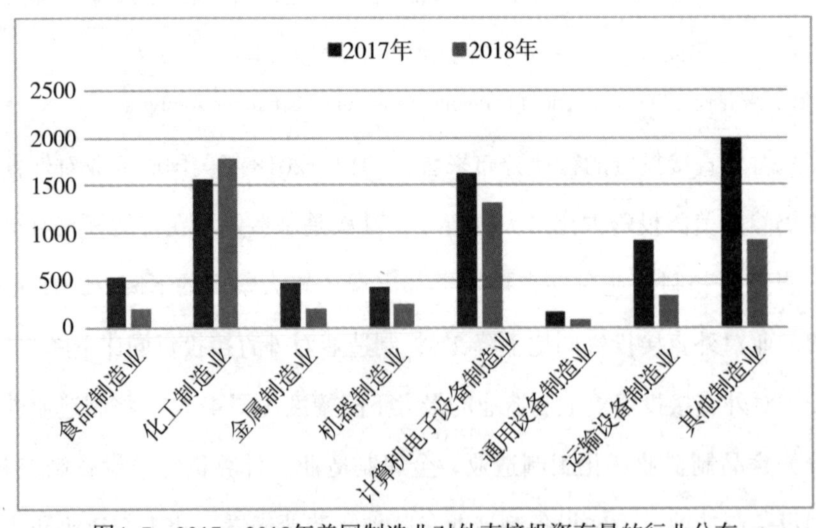

图4-7　2017—2018年美国制造业对外直接投资存量的行业分布

数据来源：U.S.Department of Commerce:Bureau of Economic Analysis。

美国制造业对外直接投资的变化与美国对外直接投资地区变化具有统一性。因为亚洲和太平洋地区、拉美地区是美国制造业对外直接投资的主要地区，尤其是东亚地区，人口稠密、劳动力价格低和资源丰富，吸引着大量美国制造业的进入。在特朗普政府号召并采取威胁等手段促使美国海外企业尤其是制造业企业回流时，必然会导致亚洲和拉美地区的美国直接投资量出现大幅下降。

在该阶段，美国对外直接投资展现出与以往许多不同的特征，这与特朗普政府执政理念、国际投资结构的变化息息相关。首先，特朗普本人及其团队具有经济民族主义理念，他们认为国内投资特别是制造业投资是推动经济增长、增加就业岗位的重要方式。近几十年随着制造业等直接投资不断外流，美国减少了大量工作岗位，这成为美国经济的一个结构性问题，影响了美国经济的发展。特朗普政府认为以往鼓励和支持对外直接投资的政策是资本外流的主要原因，因此他采取了更加严厉的政策约束企业的对外直接投资。其次，近些年来国际投资结构发生了显著变化，随着发展中国家和地区经济的发展，它们的对外直接投资总量占世界投资总量的比重在不断上升，为了进一步实现发展，它们需要更加公平、合理的国际投资规则，因此很支持当前的投资争端解决机制。而以美国为代表的发达国家对外投资比重不断下降，因此对对外直接投资争端解决机制由支持变为抵制，所以特朗普政府积极呼吁抵制甚至取消投资争端解决机制，便于其在国内继续实施引导美国对外直接投资企业回流的政策。

4.2 日本对外直接投资发展史

第二次世界大战后，日本作为战败国，其经济遭受到巨创，在战争中共损失了642亿日元，相当于日本1935年国家财富的34%①，工业生产降到战前的30%②。但是仅仅经过十年，日本经济就恢复到战前水平，之后日本经济增长速度一直居于主要工业国家的前列。随着日本战后经济的恢复和发展，它的对外直接投资也在不断发展。按照发展规模和增长速度、地区和行业分布的差异，本书把日本的对外直接投资划分为五个阶段：初始阶段（1945—1970年）、快速发展阶段（1971—1980年）、大规模发展阶段（1981—1990年）、震荡发展阶段（1991—2010年）和调整阶段（2010年至今）。

4.2.1 初始阶段（1945—1970年）

日本的对外直接投资历史可以追溯到19世纪末20世纪初，走上资本主义道路的日本通过武力手段打开别国市场、进行资本输出，例如甲午中日战争后签订的《马关条约》规定“允许日本在中国投资设厂”。这种带

①［日］桥本寿郎等：《现代日本经济》，上海财经大学出版社1997年版，第31页。
②［日］林直道：《怎样看日本经济》，中国对外经济贸易出版社2003年版，第1页。

有殖民掠夺性质的对外直接投资随着日本在第二次世界大战中的战败而迅速退出了历史舞台。

“二战”结束后，随着国际局势的改变，美国对日政策由限制转变为扶植。美国向日本提供了大量恢复生产需要的物资和资金，并帮助日本完成民主改革，这些举措对日本经济的恢复产生了重要影响。特别是朝鲜战争爆发后，美国在日本大量采购战争物资，使日本得到了高达 36 亿美元的“特需”收入，这些“特需”极大地刺激了日本经济的迅速恢复。据日本学者统计，1950—1955 年日本经济的实际年平均增长率为 10.9%，1956—1960 年为 8.7%，之后的两个五年也分别达到了 9.7% 和 12.2%[①]。日本国内经济的快速发展带动了其纺织、染织、矿产业等产业的兴起，并开始到东南亚、南亚和美洲地区进行投资生产，1951 年日本在印度取得果阿铁矿的投资权，重新拉开了日本对外直接投资的序幕。为获得原材料和市场，日本在东南亚和拉美地区进行了纤维产业的对外直接投资。在该阶段，日本的大财团企业也开始走出国门进行对外直接投资，1959 年日本松下电器产业公司在美国投资成立子公司——美国松下家用电器子公司，之后又在东亚、东南亚、拉美、非洲和大洋洲的一些国家和地区开设了子公司。日本三菱公司在 20 世纪 60 年代也开始在印度、巴西和美国投资建厂、开设子公司，日本丰田公司在 20 世纪 50—60 年代也开始走出日本国门进行对外直接投资。

该阶段日本的对外直接投资具有以下特点：

投资总额较低，1950—1970 年日本的对外直接投资累计额为 35.77 亿

①［日］小宫隆太郎等：《日本的产业政策》，国际文化出版公司 1988 年版，第 35 页。

美元[①]，其中1951—1962年日本的对外直接投资流量平均额为0.439亿美元，均未超过1亿美元，年平均批准投资项目数为61.8件。1963—1969年日本对外直接投资流量仍在1~5亿美元徘徊，直到1970年才达到9.04亿美元[②]。与同时期其他发达国家和地区相比日本的对外直接投资规模也较低，1960年仅占世界投资总额的0.75%，远远落后于美国和英国，到1967年虽然比重增加到1.31%，但仍然处在较低水平（图4-8）。

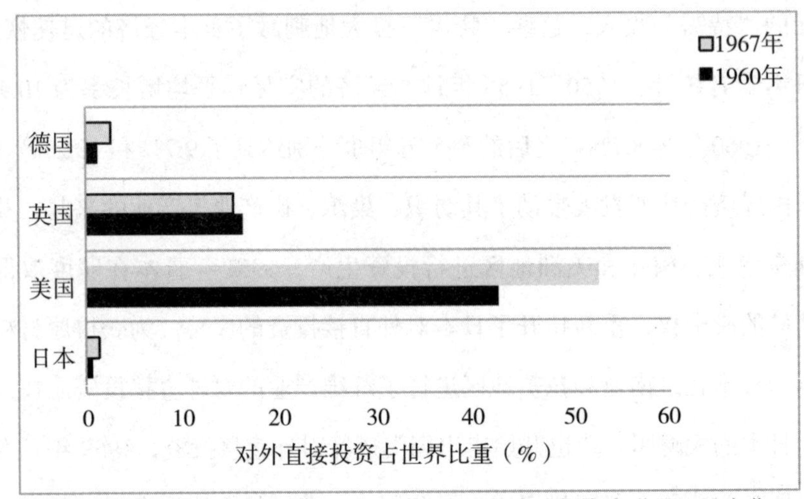

图4-8　1960年和1967年美、英、德、日对外直接投资占世界比重变化

数据来源：Bank of Japan，IMF Balance of Payments 1998。

该阶段日本对外直接投资发展缓慢的原因：一是日本政府严格的外汇管制政策，战后日本外汇严重不足，国际收支困难，因此日本政府采取了严格的外汇管制政策，1949年日本政府颁布了《外汇及外贸管理办法》，对企业的对外直接投资实行“个别许可制度”，企业进行对外直接投资需

① 张宗斌：《日本大规模对外直接投资的经验教训及借鉴研究》，经济日报出版社2015年版，第6页。

② 刘昌黎、金凤德：《日本对外直接投资概论》，东北财经大学出版社1990年版，第16页。

要由日本大藏省审批，并且要遵守大藏省的各项规定；二是该阶段日本经济正处于恢复发展阶段，国内资本缺乏，企业对外直接投资的动力不足。

从投资行业分布角度来看，该阶段日本企业主要投资于矿业开采、商业和金融保险业等领域，制造业的比重低于非制造业。1951—1970 年日本矿业对外直接投资总额为 8.04 亿美元，商业对外直接投资量为 3.81 亿美元，金融保险业对外直接投资量为3.18亿美元[①]，这三类行业对外直接投资的总和占该时间段内日本对外直接投资总量的42%[②]。该阶段日本制造业对外直接投资主要集中于纤维、木材造纸行业，制造业在对外直接投资中的比重达到 25.9%，低于非制造业的 62.7%。战后经济的快速发展使得资源、能源本就匮乏的日本雪上加霜，对资源能源的需求更加旺盛，因此日本政府开始鼓励企业到国外投资建厂，从事资源和能源的开发项目。此外日本为了扩展海外市场，促进本国产品出口，其在很多国家和地区建立了服务于对外贸易的商业企业和金融保险业。

从投资区域来看，亚洲、北美是日本对外直接投资的主要目的地。西亚地区是世界石油资源最丰富的地区之一，日本资源寻求型战略的对外直接投资必然会大规模地在西亚地区进行投资。东亚、东南亚地区也是日本对外投资的主要区域，经过十几年的发展，食品、服装等劳动密集型产业在日本已经不具有比较优势，企业开始向劳动力资源丰富、价格低廉的东亚和东南亚转移。美国经济发达、市场广阔以及美日同盟关系的存在，激励日本许多大企业在美设立子公司并建立销售网络。1951—1970 年，日本在亚洲的对外直接投资总额高达 10.85 亿美元，占对外直接投资总量的

① 日本对外直接投资的数据在 1980 年前为批准额，之后为申报额。

② 日本原大藏省编：《财政金融统计月报》，1987 年 12 月。

30% 左右；在北美洲的对外直接投资总额为 9.12 亿美元，占比为 25% 左右；其后依次为欧洲、中南美、大洋洲和非洲，可见亚洲地区和北美地区是日本进行对外直接投资的主要区域（图 4-9）。

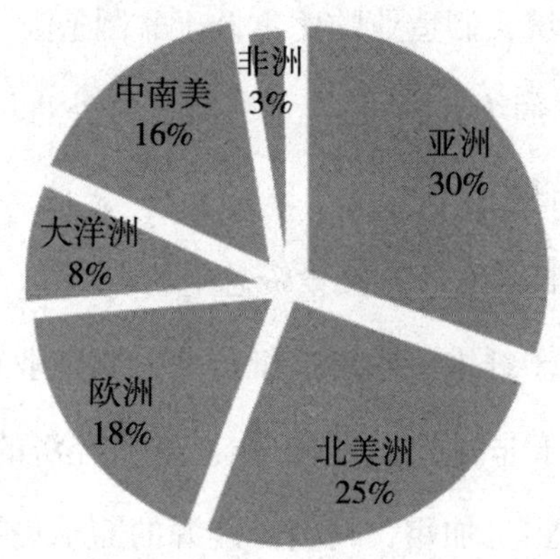

图4-9　1951—1970年日本对外直接投资流量的地区分布

数据来源：日本贸易振兴机构。

日本政府在对外直接投资中发挥了主导作用。该阶段日本大量企业处于恢复和发展阶段，企业经济实力和技术能力有限，竞争力弱，因此有能力进行对外直接投资的企业数量不多，并且投资规模小，例如在 1951—1965 年日本企业对外直接投资的平均额仅为 71.2 万美元[①]。而那些大数额的对外直接投资项目往往是在日本政府资金支持下完成的，例如 1953 年在美国阿拉斯加的纸浆项目、1957 年在巴西建立的乌吉米纳斯制铁厂项目、1958 年在波斯湾地区建立的耗资达 1.6 亿美元的阿拉伯石油项目和 1960 年的印尼北苏门答腊石油项目等，都是在日本政府主导下完成的，由此可见，在该阶段，日本政府逐渐开始推动对外直接投资的发展[②]

① 沈玉彪：《浅论日本海外直接投资》，《国际商务研究》，1991 年第 12 期。

② 张宗斌：《日本大规模对外直接投资的经验教训及借鉴研究》，经济日报出版社 2015 年版，第 9 页。

（表 4–9）。

表4–9 1951—2004年日本对外直接投资发展情况

年份	申报额（亿美元）	项目数（件）	年份	申报额（亿美元）	项目数（件）
1951—1970年	35.7	3197	1988年	470.2	6077
1971年	8.6	904	1989年	675.4	6589
1972年	23.4	1774	1990年	569.1	5863
1973年	34.9	3093	1991年	415.8	4564
1974年	24.0	1911	1992年	341.4	3741
1975年	32.8	1591	1993年	360.3	3488
1976年	34.6	1652	1994年	401.5	2478
1977年	28.1	1761	1995年	513.9	2863
1978年	46.0	2393	1996年	480.2	2501
1979年	50.0	2694	1997年	539.8	2495
1980年	47.0	2442	1998年	412.3	1637
1981年	89.3	2563	1999年	675.0	1744
1982年	77.0	2549	2000年	490.3	1717
1983年	81.5	2754	2001年	323.0	1786
1984年	101.6	2499	2002年	368.6	2164
1985年	122.2	2613	2003年	360.9	2411
1986年	223.2	3196	2004年	355.5	2733
1987年	333.6	4584			

数据来源：日本贸易振兴机构。

4.2.2 快速发展阶段（1971—1980 年）

日本经过战后二十多年的经济高速增长，特别是对外贸易的快速发展，具有了雄厚的外汇储备。为了推动对外直接投资的发展，日本政府采取了逐步放开的政策。日本政府首先改变了外汇政策，1962 年允许贸易和汇兑自由化，1964 年又取消了经常项目的汇兑限制，外汇配额制被废除。1969 年日本政府取消了对外直接投资“个别许可制度”，1970—1972 年连续三年放宽对对外直接投资贷款的约束和限制，另外日本政府还积极建立海外投资损失准备金制度、海外投资保险制度等一系列相关制度推动对外直接投资的发展。

该阶段日本国内经济形势也发生了变化，经济的快速发展使得生产要素出现了匮乏、价格升高的现象，许多行业在国内生产的成本大幅提高，还有一些对环境和生态产生不利影响的行业在日本国内的生产受到限制，在这些情况的影响下，被迫走出国门建厂和生产的行业显著增多。从企业层面看，大量日本企业经过多年的市场竞争和发展后，已经具备了雄厚的经济实力、先进的技术水平、科学的管理水平和丰富的对外投资经验，特别是在 1971 年“尼克松冲击”后日元的大幅升值①，日本企业对外扩张的愿望更加强烈。

从国际形势来看，一些发展中国家实施工业化战略，通过建立经济开发区、制定一系列优惠政策吸引外资，客观上对日本进行对外直接投资起到拉动作用。这一阶段日本的对外直接投资有以下特点：

发展速度快，对外直接投资规模大。从整体上看，1971—1980 年共有对外直接投资项目 20215 个，总金额为 329.4 亿美元。具体来看，1971 年对外直接投资项目共计 904 个，总金额达到 8.6 亿美元，1972 年保持增长

① “尼克松冲击”是日本人的说法，指的是美国总统尼克松对美国经济、外交政策的重大调整，对日本政治、经济和社会产生的影响。1971 年的“尼克松冲击”导致“布雷顿森林体系”的崩溃，日元出现了大幅度的升值。

的趋势，对外直接投资项目数突破 1000 达到 1774 个，投资金额总计 23.4 亿美元。1975 年年末日本的对外直接投资存量达到 159.4 亿美元，成为仅次于美国、英国和德国的世界第四大对外直接投资国。日本尽管在 1974 年和 1977 年对外直接投资流量有所下滑，但是在该阶段整体上呈现出增长的趋势。1971—1975 年对外直接投资的平均增长速度为 39.7%，而同期日本 GDP 平均增长率为 4.43%，1976—1980 年日本对外直接投资的平均增长率为 7.9%，而同期日本 GDP 平均增长率为 4.62%[①]，在该阶段日本的对外直接投资增长速度快于国民经济的整体发展速度，其成为日本经济发展的重要推动力（图 4–10）。

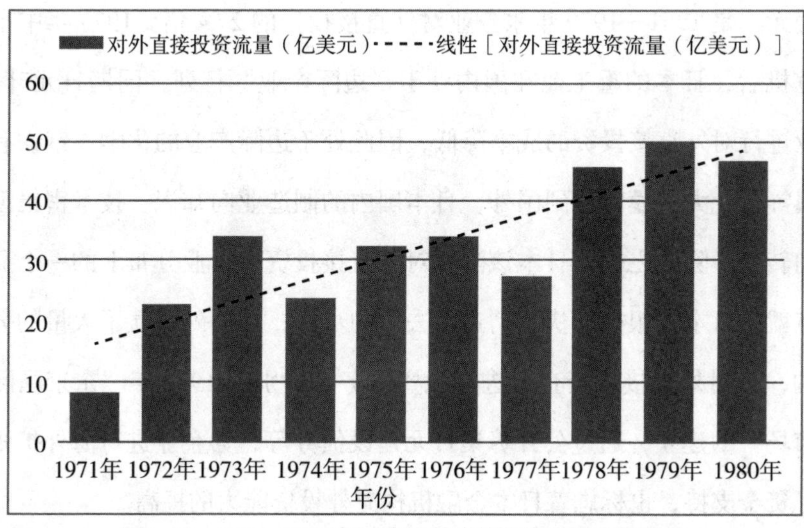

图4–10　1971—1980年日本对外直接投资流量变化趋势

数据来源：日本贸易振兴机构。

从对外直接投资的行业分布来看，制造业的比重上升，并且制造业内部重点行业发生改变。在该阶段日本制造业对外直接投资额达到 116.45

①［日］林直道：《怎样看日本经济》，中国对外经济贸易出版社2003年版，第46页。

亿美元，占总对外直接投资额的比重为35.4%，高于1949—1970年的25.9%，但低于同期的美国（44.1%）、英国（59.5%）和德国（75.7%）。制造业对外直接投资的重点行业由纤维、木材造纸制造业转为化学制造业、钢铁有色金属制造业和电气机器制造业，这三类在制造业对外直接投资的比重达到56.3%。非制造业对外直接投资的比重为60%，虽然仍高于制造业对外直接投资的比重，但与上阶段相比，比重有所下降。非制造业对外直接投资的重点行业在该阶段没有发生改变，仍然集中于矿业、商业和金融保险业，三种行业的对外直接投资额分别为62.67亿美元、50.28亿美元和21.08亿美元。该阶段服务业对外直接投资额继续增加，总额达到13.44亿美元，是1951—1970年服务业对外直接投资的27.4倍。1973年中东石油危机后，日本的重工业在国内处于“边际产业”行列，同期日元升值，企业进行对外直接投资的成本降低，因此处于边际产业的化学、钢铁有色金属等行业大规模转移到国外，日本国内的制造业向知识、技术密集型的方向转变。除此之外，日本该阶段对外直接投资在行业分布上的一个显著特点就是日本大银行加快了“走出去”的步伐，在国外建立了大量的分支机构，为对外直接投资企业进行融资服务。特别是1972年“东京国际金融市场”的建立，通过公开募集日元建设债券等，为企业进行海外扩张提供了资金支持，也标志着日本金融机构海外投资能力的提高。

从对外直接投资的区域分布来看，亚洲和北美地区仍然是日本对外直接投资的主要目的地。该阶段日本对亚洲的直接投资额为110.03亿美元，占比达33%，对北美地区的投资额达到88.86亿美元，占比为27%，两个地区的投资占比均高于上一阶段（图4-11）。以日本在发展中国家（地区）和发达国家（地区）的投资分布来看，流向发达国家（地区）的直接投资额比重为 44.5%，流向发展中国家（地区）的投资额比重为 55.5%，与美国、英国和德国等国家相比，日本对两种不同的经济体投资比重相对均衡[①]。该阶段日本对外直接投资也出现了一些新现象：首先，日本对亚洲制造业对外直接投资在 20 世纪 70 年代后期出现骤降，同时资源开发型投资保持稳定增长，如对印度尼西亚的石油投资、对菲律宾镍矿的投资，其次，对发达国家制造业的直接投资开始起步，大都集中在汽车和电气设备制造等行业。

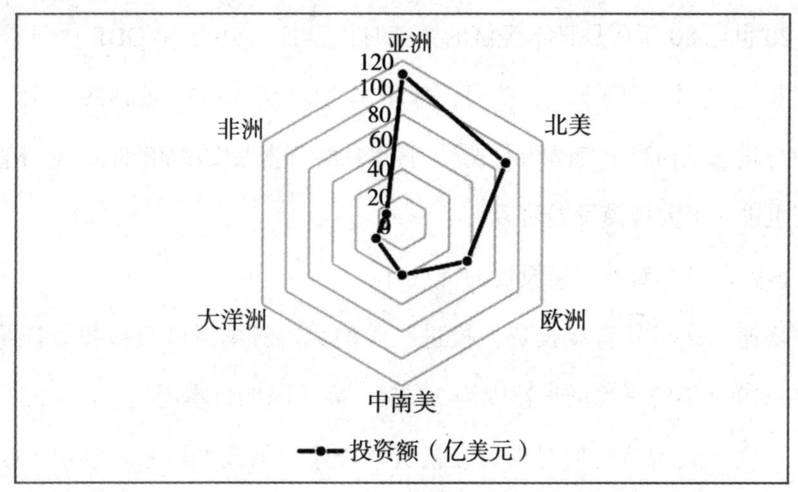

图4–11　1971—1980年日本对外直接投资流量的地区分布

数据来源：日本贸易振兴机构。

从对外直接投资的主体来看，该阶段中小型企业参与对外直接投资的热情日益高涨。通过日本通产省对外直接投资数据统计的结果发现，1977 年和 1978 年日本工业性企业对外直接投资中，中小型企业的比重分别为 31.3% 和 35.3%。日本中小企业在 1978 年共有 1200 件对外直接投资项目，

① 发达地区指北美、欧洲、澳大利亚和日本等，其他地区为发展中国家和地区。美国、英国、德国等国家对发达国家的对外直接投资比例均高达 70% 左右。

占比为 50.2%，总计金额达到 3.8 亿美元，占比为 8.3%。该阶段日本中小企业数量庞大，在国际市场上的竞争能力显著增强，这些企业有信心有能力在全球范围内获取资源、劳动力和市场。国内资源匮乏，土地、劳动等生产要素价格的提高也是中小企业进行对外直接投资的重要原因，通过在世界市场上组织生产可以降低生产成本和获得更广泛的消费群体。

4.2.3 大规模发展阶段（1981—1990 年）

20 世纪 80 年代是日本经济的繁荣时代，日本 1985 年 GDP 达到了 1.3 万亿美元①，接近资本主义头号国家美国 GDP 的四成；到 1989 年时，其 GDP 总量已经相当于美国的七成②。日本在经济繁荣发展的同时，对外直接投资也进入了大规模发展阶段。

该阶段日本对外直接投资的特点有：

增速高，对外直接投资规模进一步增大。日本对外直接投资流量在 1981—1990 年的平均增长速度为 22.8%，高于同期日本国民经济 4.33% 的增长速度，成为该时期对外直接投资增长速度最高的国家。其中 1985—1989 年对外直接投资流量的增速更是高达 36.2%，是日本“二战”以来增速最高的时期，这说明对外直接投资仍旧是日本经济飞速发展的重要引擎。从绝对数量上看，1981 年日本对外直接投资流量为 89.32 亿美元，与 1980 年度的 46.93 亿美元相比，增加了 90.33%。1984 年日本对外直接投资流量首次突破 100 亿美元，而 1986 年又突破了 200 亿美元大关，到 1989 年日本的对外直接投资流量达到 675.4 亿美元，一度成为世界上最

① 朱明：《日本经济的盛衰》，中国科学技术大学出版社 2004 年版，第 180 页。

② 萧国亮、隋福民：《世界经济史》，北京大学出版社 2007 年版，第 391 页。

大的对外直接投资国。1987 年年末日本对外直接投资存量达到 800 亿美元，首次超越德国和荷兰，仅次于美国和英国，居世界第三位。对外直接投资的项目个数也由 1981 年的 2563 个增加到 1989 年的 5863 个，增加了 1.2 倍多。1981—1990 年日本对外直接投资的累计额为 2743.1 亿美元，是 1971—1980 年对外直接投资总额的 8.3 倍（图 4–12）。

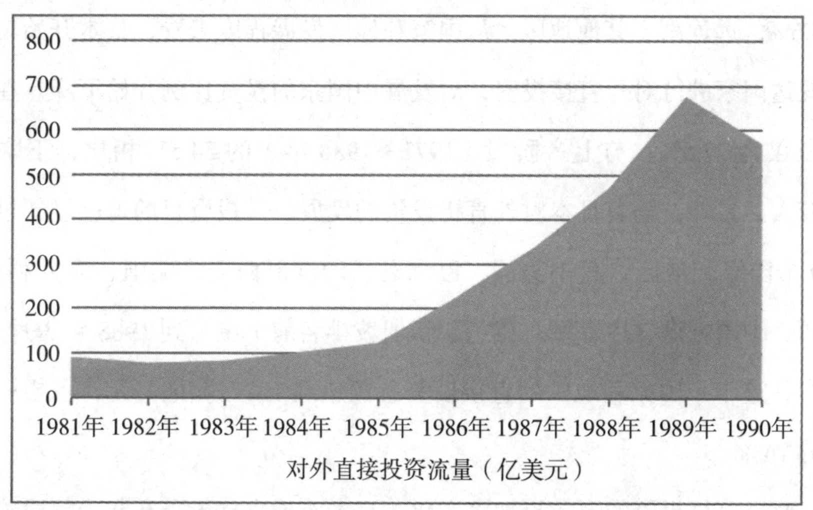

图4–12　1981—1990年日本对外直接投资流量变化趋势

数据来源：日本贸易振兴机构。

从对外直接投资的行业分布来看，日本对外直接投资中第三产业的比重在该阶段有了更为显著的增长。其中上升最快的为金融、保险、不动产和运输业。在制造业对外直接投资中，食品、纤维、木材、纸浆、化学等传统制造产业的比重进一步下降，而具有技术密集型的产业如精密机械、电气机械以及高精尖产业的对外直接投资比重显著提高，其中电气机械工业的增幅最大，由 4.75 亿美元增加到 36.86 亿美元。在非制造业对外直接投资中，矿业投资在 1981 年达到创纪录的 25.34 亿美元后，一直处于急剧的衰退之中。商业投资虽然保持着增长的趋势，但是增幅较小。

从对外直接投资的地区分布来看，北美超越亚洲成为该阶段日本对外直接投资最多的地区，仅 1981—1987 年日本在北美的直接投资额就达到 429.65 亿美元，占该时期总投资额的 41.8%，远远高于亚洲、中南美、欧洲等其他地区。这一时期，日本对北美的直接投资的增长速度居于首位，从 1981 年的 25.2 亿美元增加到 1987 年的 153.5 亿美元，增幅高达 508.6%，远远高于其他地区。从国家和地区发展程度来看，日本开始集中在发达国家进行对外直接投资，对发展中国家的投资比例开始下降，在该阶段仅为 27.5%，与上一阶段（1971—1980 年）的 54.5% 相比，下降幅度较大。另外，随着日本对外直接投资的发展，其投资目的地已经超过了 100 个国家和地区，其中美国、巴拿马、印度尼西亚、英国、澳大利亚、巴西、中国香港、卢森堡、荷兰和新加坡排名前十位，到 1988 年 3 月末，日本在这十个国家和地区的直接投资总额达到 1027.39 亿美元，占投资总额的 74%。

对外直接投资的形式更加多元化。日本对外直接投资在起步阶段绝大部分采取独资的形式，随着日本进行对外直接投资经验的不断积累，独资、并购、合资、合作的形式都被广泛应用，其中并购越来越成为主要形式，仅 1986 年日本就采用并购形式兼并了美国 126 家企业，1988 年、1989 年日本在美国的并购金额高达 264 亿美元，占到日本对美国直接投资金额的半数。

该阶段日本对外直接投资增长迅速的原因有：

高额的对外收支盈余与外汇储备，为企业“走出去”进行资本输出创造了重要条件。1981 年日本对外收支经常项目扭转前两年出现的赤字，实现了 47.7 亿美元的盈余。之后日本对外收支经常项目持续出现盈余，到

1987 年达到历史最高水平的 870.15 亿美元，远超世界其他国家。持续增长的收支盈余和外汇储备成为日本大规模进行对外直接投资的重要原因[①]。

激烈的贸易摩擦客观上推动了日本对外直接投资的发展。随着巨额的贸易收支盈余，日本在对外贸易中面临着激烈的贸易摩擦，尤其与美国的摩擦最为激烈。为此美国和西欧国家建立了提高关税、配额限制等各种贸易壁垒限制日本对外贸易，结果导致日本出口大幅下降。为降低贸易摩擦对经济的消极影响，越过关税和非关税壁垒的障碍，日本扩大进行对外直接投资的规模，从而继续巩固和扩大市场，获得经济收益。

日本国内产业结构的变迁推动了其对外直接投资的发展。“二战”后世界范围内兴起了第三次科技革命，日本在 20 世纪 80 年代充分利用第三次科技革命的成果大力发展以新材料、微电子、生物工程等为代表的高技术、高附加值的产业。另外美、日在 1985 年 9 月签订了“广场协议”，日元大幅升值[②]，日本国内工资水平也迅速提高，导致劳动密集型、资源能源高消耗型的产业出口竞争力大幅下降，其在国内生产再出口的形式已无法适应经济形势，因此客观上推动了日本进行产业结构调整，把大量的传统工业转移到国外。

新兴工业化国家和地区的出现，为日本大规模对外直接投资提供了契机。20 世纪七八十年代在世界上出现了一些新兴工业化国家和地区，其中最具有代表性的为韩国、中国台湾、中国香港和新加坡，这四者合称为

① 史祺：《日本对外直接投资研究——理论、模式、战略》，中国经济出版社 2002 年版，第 14 页。

② 李翀：《“广场协议”是导致日本“失落十年”的原因吗？——一个经济史的谜的解析》，《福建论坛（人文社会科学版）》，2014 年第 3 期。

“亚洲四小龙”[①]。由于新兴工业化国家和地区具有丰富且低廉的劳动力资源，因此这些国家和地区是日本转移国内传统产业的理想地方。此外，一些发展中国家为了吸引外资、带动国内经济的发展，也制定了一系列优惠政策引进日本的投资。这些因素都推动了日本对外直接投资的发展。

从企业层面来看，日本企业竞争力的增强促进了其对外直接投资。随着日本经济在20世纪80年代的高速发展，日本在该阶段也诞生了许多具有国际竞争力的企业，除了雄厚的资金实力外，这些企业往往还有着先进的技术水平和管理水平，并能够与欧美企业竞争[②]。基于此，许多企业企图走出国门，在世界范围内进行资源配置和销售产品，提高企业知名度，这推动了日本对外直接投资的发展。

4.2.4 震荡发展阶段（1991—2010年）

在20世纪80年代末90年初经济泡沫破灭后，日本经济增长速度放缓，1991—1995年日本经济平均增长率下降至1.47%，1996—2000年进一步下降为1.11%，其中1998—1999年连续两年出现了负增长。到21世纪后，日本经济仍没有实现复苏和繁荣，2001—2010年的平均增长率仅为0.65%，比1991—2000年的平均增长率低了0.62个百分点。日本国内经济低迷的同时还面临着一些新形势：国内产业“空心化”现象越发明显；人口自然增长率在负值徘徊，人口老龄化现象严重；经济发展由“成本推动型”转为以创新为动力[③]。从国际形势来看，1997年东南亚金融危机、2008

① 赵春明：《从神话到现实：东亚崛起与现代化模式》，武汉出版社1993年版，第45页。
② 洪继中：《试论日本跨国公司发展的历史特征》，《日本研究》，1992年第12期。
③ 张宗斌：《日本大规模对外直接投资的经验教训及借鉴研究》，经济日报出版社2015年版，第83页。

年美国金融危机深刻地影响了日本经济（表 4-10）。

表4-10　1991—2010年日本GDP实际增长率和平均增长率

<table>
<tr><th>年份</th><th>实际增长率%</th><th colspan="2">平均增长率%</th><th>年份</th><th>实际增长率%</th><th colspan="2">平均增长率%</th></tr>
<tr><td>1991年</td><td>3.42</td><td rowspan="5">1.47</td><td rowspan="10">1.27</td><td>2001年</td><td>0.41</td><td rowspan="5">1.18</td><td rowspan="10">0.65</td></tr>
<tr><td>1992年</td><td>0.85</td><td>2002年</td><td>0.12</td></tr>
<tr><td>1993年</td><td>−0.52</td><td>2003年</td><td>1.53</td></tr>
<tr><td>1994年</td><td>0.99</td><td>2004年</td><td>2.20</td></tr>
<tr><td>1995年</td><td>2.74</td><td>2005年</td><td>1.66</td></tr>
<tr><td>1996年</td><td>3.10</td><td rowspan="5">1.11</td><td>2006年</td><td>1.42</td><td rowspan="5">0.15</td></tr>
<tr><td>1997年</td><td>1.08</td><td>2007年</td><td>1.65</td></tr>
<tr><td>1998年</td><td>−1.13</td><td>2008年</td><td>−1.09</td></tr>
<tr><td>1999年</td><td>−0.25</td><td>2009年</td><td>−5.42</td></tr>
<tr><td>2000年</td><td>2.78</td><td>2010年</td><td>4.19</td></tr>
</table>

数据来源：世界银行 WDI 数据库。

在上述背景下，日本的对外直接投资在该阶段出现了回落并表现出震荡发展的特点。从对外直接投资的流量来看，1991 年日本的对外直接投资流量为 415.84 亿美元，仅为 1989 年对外直接投资流量的 61.56%，回落明显。其后 20 年时间里呈现出震荡式发展形态。该阶段对外直接投资流量的最低点出现在 1993 年，同时也出现了三个峰值：第一个峰值出现在 1997 年，达到 259 亿美元，总额相当于 1989 年直接投资流量的 56%；第二个峰值出现在 2001 年，流量为 383 亿美元，相当于 1989 年直接投资流量的 82.9%；第三个峰值在 2008 年出现，日本在该年度对外直接投资流量超越了 1989 年的水平。从对外直接投资的存量来看，在 1991—2000 年日本对外直接投资存量的增速较低，年平均增长率仅为 2%，而 2001—2010 年的平均增长率为 17%，恢复到了上一阶段的增长速度。

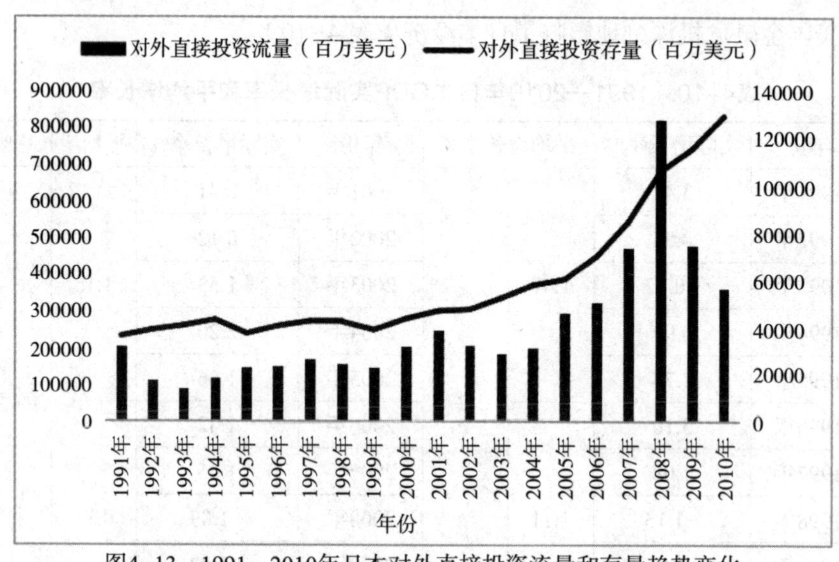

图4-13 1991—2010年日本对外直接投资流量和存量趋势变化

数据来源：联合国贸发会议（UNCTAD）。

从对外直接投资的地区分布来看，该阶段早期（1991—1998 年）日本对外直接投资仍然主要分布在北美、欧洲和亚洲，1991 年日本在这三个地区的对外直接投资占日本对外直接投资总额的比重为八成。其对北美地区的直接投资量在 1992 年和 1993 年连续下降后呈现出上升趋势，在亚洲金融危机的影响下，日本在 1998 年对北美的直接投资量出现了下降；金融危机之前日本对亚洲的直接投资呈现出不断增长的趋势，但是在亚洲金融危机影响下，日本对亚洲的直接投资也出现了下降。欧洲是日本另一个直接投资地区，在亚洲金融危机之前，它在该地区的直接投资比重呈现下降态势，金融危机后日本在该地区的直接投资额超越了北美，成为日本对外直接投资量最多的地区。日本在中南美、非洲和大洋洲的直接投资在 1991—1998 年呈现波动发展态势，亚洲金融危机后，日本在这三个地区的直接投资量实现了小幅度的增长（表 4-11）。

表4-11　1991—1998年日本对外直接投资的地区分布　　单位：亿日元

年份	北美	中南美	亚洲	欧洲	非洲	大洋洲
1991年	25763	4547	8230	12832	1014	4476
1992年	18972	3525	9212	9176	308	3119
1993年	17591	3889	7823	9204	630	2275
1994年	18525	5499	10387	6525	366	1507
1995年	22394	3741	12069	8281	367	2716
1996年	25933	5008	13351	8305	485	1011
1997年	26247	7775	15526	13749	407	2525
1998年	14011	8274	8544	17937	569	2833

数据来源：日本原大藏省。

在该阶段后期（2005—2010 年），日本对外直接投资在不同地区增长幅度差异显著，日本在北美洲的对外直接投资额由 2005 年的 18.34 万亿日元增加到 2010 年的 21.38 万亿日元，平均增长率为 3.32%，其中在美国的直接投资由 17.63 万亿日元增加到 20.52 万亿日元，平均增长率为 3.28%；而日本在欧洲的对外直接投资额由 2005 年的 11.07 万亿日元增加到 2010 年的 15.77 万亿日元，平均增长率为 8.49%。2005 年日本在欧洲直接投资排前五位的国家依次为荷兰、英国、法国、比利时和德国，到 2010 年时变为荷兰、英国、德国、法国和比利时，该时期日本在德国的直接投资增幅高于其他四国；日本在亚洲的对外直接投资额由 2005 年的 10.56 万亿日元增加到 2010 年的 17.74 万亿日元，平均增长率为 13.6%，明显高于欧洲和北美洲，其中对中国的直接投资量由 2005 年的 2.89 万亿日元增加到 2010 年的 5.42 万亿日元，平均增速为 17.5%，高于在亚洲的平均增长率；对于直接投资量较低的中南美、非洲和大洋洲三个区域，日本直接投资的平均增长率分别为 25.8%、46% 和 26.6%（表 4-12）。

表4-12　2005—2010年日本对外直接投资的地区分布　　单位：亿日元

年份	北美	拉美	亚洲	欧洲	非洲	大洋洲
2005年	183491	38843	105582	110756	1564	15226
2006年	194113	46725	130445	143860	3212	16403
2007年	207888	61932	153902	168263	4406	22191
2008年	212119	81969	147819	149355	6613	19522
2009年	221339	91260	165925	164961	5283	33328
2010年	213832	87198	177440	157721	5008	35755

数据来源：日本银行数据库。

从横向来看，北美是日本在该阶段后期（2005—2010年）直接投资量最多的地区，而在亚洲的直接投资量在该时期超越了欧洲，成为日本的第二大直接投资目的地。日本在中南美洲、大洋洲和非洲的直接投资在该时期都继续呈现不断上涨的趋势。该时期美国爆发的金融危机制约了日本在北美的直接投资，但是对日本在亚洲的直接投资影响不大（图4-14）。

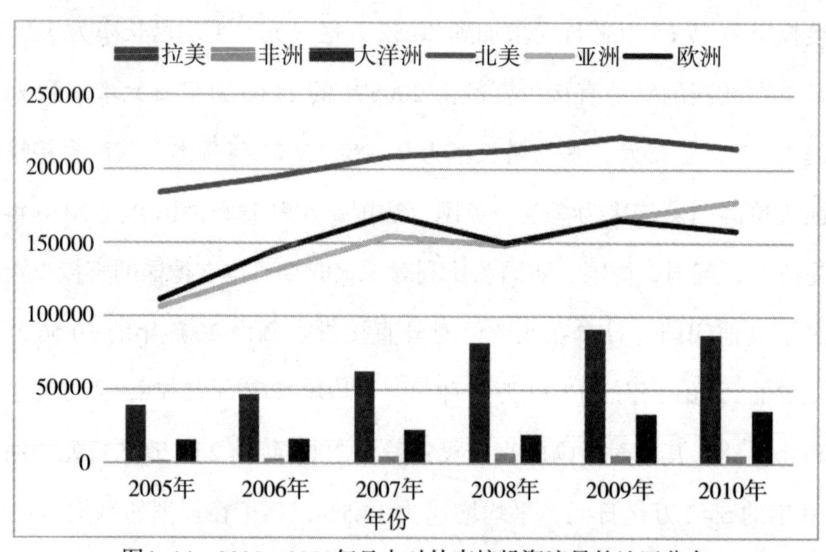

图4-14　2005—2010年日本对外直接投资流量的地区分布

数据来源：日本银行数据库。

日本对外直接投资的行业分布在该阶段有了新的变化。具体来看，在该阶段前期（1991—1998 年），日本制造业对外直接投资呈现波动发展特征，在 1992 年和 1993 年连续两年投资量下降后，日本制造业对外直接投资在 1994—1997 年实现了四年的连续上涨。在亚洲金融危机爆发后，日本的制造业对外直接投资出现了较大幅度的下降，例如 1998 年日本制造业对外直接投资同比下降了 33.9%。从日本制造业对外直接投资占总对外直接投资的比重看，1996 年日本制造业对外直接投资比重达到最大值，为 42.1%，接近半数。

日本非制造业对外直接投资在该阶段早期同样呈现波动发展特征。1991 年日本非制造业对外直接投资为 3.93 万亿日元，远远超过了制造业直接投资的 1.69 万亿日元，占对外直接投资总额的 69.1%。1992—1994 年日本非制造业对外直接投资分别下降为 3.08 万亿日元、2.84 万亿日元和 2.79 万亿日元，分别比 1991 年下降了 21.6%、27.6% 和 28.8%。1995—1998 年日本对外直接投资呈现波动下降的态势。从非制造业对外直接投资占投资总额的比重看，除了 1996 年非制造业对外直接投资比重在 60% 以下，该时期其余年份都高于 60%，说明日本对外直接投资在该阶段前期是以非制造业对外直接投资为中心展开的（表 4–13）。

表4–13　1991—1998年日本对外直接投资行业分布及比重

年份	制造业（亿日元）	制造业比重（%）	非制造业（亿日元）	非制造业比重（%）
1991年	16919	29.70	39307	69.10
1992年	13038	29.40	30810	69.50
1993年	12766	30.70	28449	68.50
1994年	14426	33.70	27978	65.30
1995年	18236	36.70	30395	61.30
1996年	22821	42.10	30124	55.60
1997年	23731	35.80	41793	63.10

续表

年份	制造业（亿日元）	制造业比重（%）	非制造业（亿日元）	非制造业比重（%）
1998年	15686	30.00	36025	69.10

注：在此处制造业和非制造业外存在分支机构的对外直接投资，数据来源：日本原大藏省。

日本非制造业对外直接投资中包括多种行业，其中金融保险业、服务业、房地产业和商业被称为四大非制造业对外直接投资。1991 年它们的对外直接投资额分别为 0.68 万亿日元、0.73 万亿日元、1.21 万亿日元和 0.71 万亿日元，分别占非制造业对外直接投资的 17.3%、18.6%、30.8% 和 18.1%。到 1998 年时，金融保险业、服务业、房地产业和商业的对外直接投资额分别为 2.09 万亿日元、0.26 万亿日元、0.36 万亿日元和 0.48 万亿日元，分别占当年非制造业对外直接投资的 58.3%、7.2%、10.0% 和 13.3%。由图 4-15 可知，金融保险业对外直接投资在该时期实现了快速增长，增长速度远超其他三种行业；房地产业在该时期呈现出逐渐递减的态势，由非制造业中投资量最多的行业降为第三位对外直接投资行业；服务业对外直接投资一直在波动变化，其中 1995 年时服务业在这四大行业所占比重中达到最高；商业对外直接投资所占非制造业对外直接投资的比重较为稳定，一直维持在 15% 左右。

在该阶段的后期（2005—2010 年），日本制造业对外直接投资的规模更大，并且明显高于该阶段前期（1991—1998 年）。2007 年日本制造业对外直接投资出现一个顶峰，总额达到 34.29 万亿日元，比 1991 年的制造业对外直接投资额增加了 19 倍多。在金融危机的影响下，日本制造业对外直接投资量出现了一定程度的下降，例如 2008 年日本制造业对外直接投资同比下降了 11.5%。从日本制造业对外直接投资占总的对外直接投资的比重来看，该阶段后期制造业对外直接投资比重呈现出逐渐下降的趋势，其中 2005—2007 年制造业比重都高于半数，2008—2010 年制造业的投资额又开始低于非制造业。

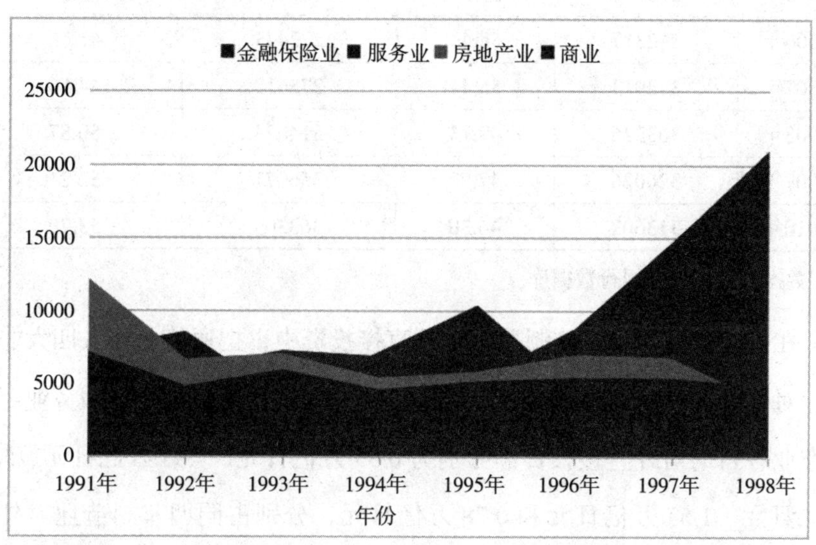

图4-15　1991—1998年日本四个非制造业行业对外直接投资变化趋势

数据来源：日本原大藏省。

日本非制造业对外直接投资在该阶段后期呈现递增发展特征。2005 年日本非制造业对外直接投资为 18.31 万亿日元，占对外直接投资总额的 40.16%，比同期制造业对外直接投资额少 14 万亿日元。2006—2010 年日本非制造业对外直接投资分别上涨为 22.24 万亿日元、27.56 万亿日元、31.41 万亿日元、35.61 万亿日元和 36.33 万亿日元，分别比 2005 年增加了 21.46%、50.52%、71.55%、94.48% 和 98.42%。从非制造业对外直接投资占投资总额的比重来看，2005—2007 年日本非制造业对外直接投资比重都在 50% 以下，该时期其余年份都高于 50%，说明日本非制造业对外直接投资在低于制造业对外直接投资额一段时间后又实现超越（表 4-14）。

表4-14　2005—2010年日本对外直接投资行业分布及比重

年份	制造业（亿日元）	制造业比重（%）	非制造业（亿日元）	非制造业比重（%）
2005年	272895	59.84	183159	40.16
2006年	312317	58.40	222443	41.60
2007年	342913	55.44	275612	44.56
2008年	303326	49.13	314073	50.87
2009年	326026	47.79	356071	52.21
2010年	313602	46.30	363309	53.70

数据来源：日本银行数据库。

在该阶段后期日本非制造业对外直接投资中，把通信业加入四大非制造业对外直接投资之列。2005 年通信业、金融保险业、商业、服务业、不动产业各自的对外直接投资额分别为 0.53 万亿日元、7.85 万亿日元、5.02 万亿日元、1.57 万亿日元和 0.78 万亿日元，分别占同期非制造业对外直接投资的 2.92%、42.84%、27.42%、8.59% 和 4.28%。到 2010 年时，通信业、金融保险业、商业、服务业和不动产业的对外直接投资额分别为 1.78 万亿日元、15.87 万亿日元、9.45 万亿日元、1.30 万亿日元和 0.68 万亿日元，分别占当年非制造业对外直接投资的 4.89%、43.68%、26.01%、3.58% 和 1.87%。通过观察图 4-16 可发现，金融保险业在该阶段后期仍然是规模最大的非制造业对外直接投资行业，并且继续呈现快速增长的趋势；商业对外直接投资是仅次于金融保险业直接投资规模的行业，并且同样呈现递增的态势；不动产业在该时期呈现出逐渐递减的趋势，逐渐成为非制造业投资额中第五位对外直接投资行业；服务业对外直接投资在这一阶段一直在稳定发展，但是其投资量要远远小于商业和金融保险业。其中 1995 年时服务业在这四大行业所占比重中达到最高；通信业对外直接投资在该阶段内发展迅速并逐渐成为日本非制造业对外直接投资中的一个重要行业，在 2010 年年末时，其超越不动产业和服务业，处在非制造业对外直接投资额的第三位。

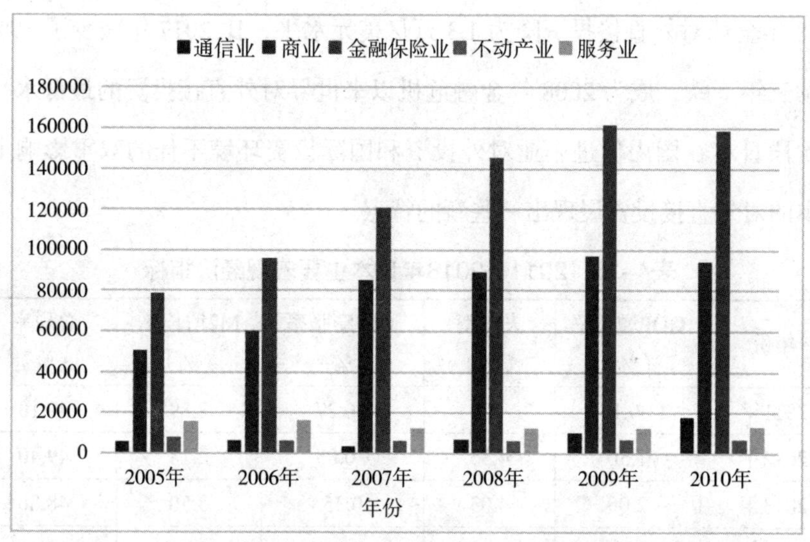

图4-16 2005—2010年日本五个非制造业行业对外直接投资变化趋势

数据来源：日本银行数据库。

4.2.5 调整阶段（2011 年至今）

从 2011 年至今，日本经济的平均增长率为 1.06%，失业率呈现下降态势，与上一阶段相比，经济有所好转，但是仍在低速发展（表 4-15）。安倍晋三第二次执政后，为刺激经济推出被称为“安倍经济学”的新经济政策，该政策由“三支箭”相互配合组成，包括扩张性的财政政策、量化宽松的货币政策和鼓励私人投资的增长战略[①]。在减税和鼓励企业投资海外的影响下，日本对外直接投资有了进一步的发展。从国际环境来看，该阶

① 陈东琪、刘雪燕、李世刚等：《竭泽而渔的安倍经济政策》，《宏观经济研究》，2016 年第 10 期。

段世界经济发展仍然缓慢，同时国际贸易保护主义抬头，“逆全球化”趋势明显，全球直接投资量下滑明显[①]。根据联合国贸发会议统计数据显示，2018 年全球对外直接投资降为 1.3 万亿美元水平，比 2017 年减少了 19%，连续三年下跌，成为 2008 年金融危机以来世界对外直接投资的最低水平。该阶段日本在国内促进企业对外投资和国际投资环境不佳的双重影响下，日本的对外直接投资展现出一些新的特点。

表4–15　2011—2018年日本主要宏观经济指标

年份	GDP增长率（%）	失业率（%）	通货膨胀率（%）	M2增长率（%）	总税率（%）
2011年	−0.12	4.55	−0.27	2.89	49.10
2012年	1.50	4.35	−0.05	2.18	49.40
2013年	2.00	4.03	0.35	3.50	48.80
2014年	0.37	3.58	2.76	3.01	50.40
2015年	1.35	3.33	0.79	2.97	50.40
2016年	0.94	3.13	−0.12	3.92	48.90
2017年	1.71	2.83	0.47	3.43	47.40
2018年	0.79	2.45	0.98	2.41	46.70

数据来源：日本银行数据库和日本财务省。

首先，日本对外直接投资在该阶段表现出稳定增长的特点。从总量上来看，日本对外直接投资在摆脱上一阶段震荡发展的特征后，在该阶段呈现了持续增长的态势。2011 年日本对外直接投资流量为 1075 亿美元，至 2017 年时增为 1604 亿美元，增长率达到 49.21%。尽管 2018 年日本对外直接投资流量同比有所下降，但是其规模仍然高于 2015 年之前的水平。

① 姜少敏：《经济全球化、反全球化与逆全球化力量的博弈：过程、现状与趋势》，《教学与研究》，2019 年第 11 期。

从对外直接投资的存量来看，2011—2018 年日本对外直接投资存量同样实现持续性增长，到 2018 年年末日本对外直接投资存量为 16652 亿美元，达到“二战”以后的最高水平（图 4-17）。从直接投资国际地位来看，在该阶段其国际直接投资地位有了一定程度的提高。日本对外直接投资总量在此阶段一直处在前四位，其中 2011—2013 年、2017 年都是排名第二，而 2018 年更是成为世界第一对外直接投资国。

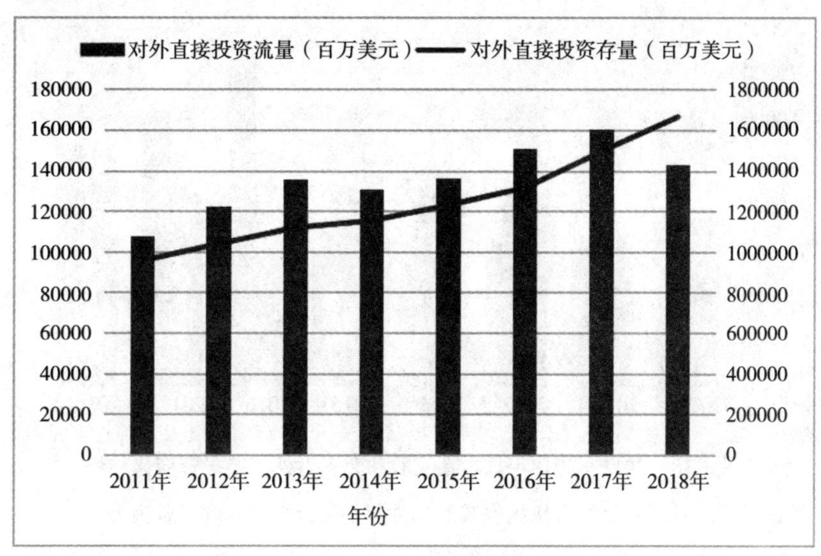

图4-17　2011—2018年日本对外直接投资流量和存量趋势变化

数据来源：联合国贸发会议（UNCTAD）。

从地区分布来看，亚洲、欧洲和北美仍是日本对外直接投资的主要目的地，对中南美地区的直接投资量在该阶段有了巨大增长，对非洲和大洋洲的投资比重进一步下降。具体来看，2011 年日本在亚洲和欧洲的直接投资量大致相当，分别占该年总投资额的 34.7% 和 34.4%，而在北美洲的直接投资比重仅为 13.1%；2012—2015 年日本在北美的直接投资量又超越亚洲和欧洲地区，成为日本最主要的投资地区，而这四年亚洲成为日本第二多的对外直接投资目的地；2016—2018 年欧洲又成为日本第一大对外直接投资地区，但是直接投资量呈现递减趋势，北美在 2016 年和 2017 年连续两年成为日本第二大直接投资目的地，2016 年日本在亚洲的直接投资出现断崖式下降，跌幅达到 55.5%，2017—2018 年开始回升，并在 2018 年接近在欧洲地区的直接投资量（图 4-18）。

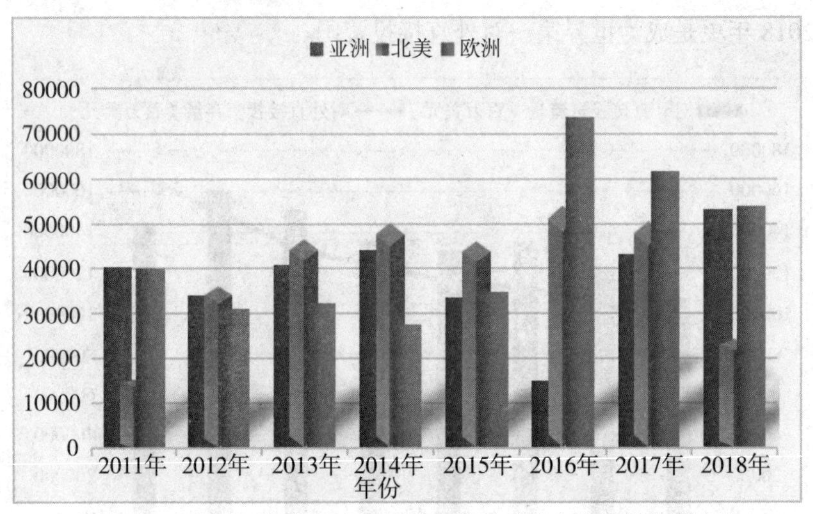

图4-18　2011—2018年日本在亚欧和北美对外直接投资变化趋势

数据来源：日本贸易振兴机构发布的相关年份《世界贸易和投资报告》。

除了这三个地区外，中南美洲也是日本对外直接投资的重要目的地之一，特别是 2018 年日本在该地区的直接投资量超越了北美洲，成为日本第三大直接投资目的地，开曼群岛是日本在该地区最主要的投资地。日本在大洋洲和非洲的直接投资量较少，2018 年分别为 171.7 亿美元和 157.5 亿美元，占该年度日本对外直接投资总额的 1.07% 和 0.99%（表 4-16）。

该阶段日本在美国、中国、“四小龙”地区、西欧地区的直接投资呈现不同的发展情况。美国市场广阔，科技发达，拥有着先进的生产技术和管理水平，吸引着其他国家的企业在此投资，但是特朗普上任后，对国外企业采取了更加严厉的措施，限制其发展。因此 2016—2018 年日本对美国的直接投资流量出现了下滑，2016 年直接投资流量为 5410 亿美元，2017 年降为 4960 亿美元，2018 年为 2157 亿美元，与 2016 年相比，降幅达 60.1%。中国近年来不断深化改革和扩大开放，在积极践行"一带一路"倡议的同时，努力优化国内营商环境，不断出台有利于外资的政策，吸引了包括日本在内的许多国家企业来华投资。2016 年和 2017 年日本对中国的直接投资量分别达到 953 亿美元和 1112 亿美元，是日本在亚洲直接投资量最多的国家。尽管 2018 年日本在中国的直接投资流量有所下滑，但仍然是日本最主要的投资国之一。中国香港、中国台湾、韩国和新加坡是日本在亚洲直接投资的重要地区，2018 年日本在这四个地区的直接投资总额为 24 亿美元，占日本在亚洲总投资额的 46.09%。2016 年日本在欧洲直接投资额排前五的国家分别为英国、荷兰、瑞士、比利时和德国，而 2018 年时顺序变为英国、荷兰、法国、西班牙和瑞士。

表4-16 2011—2018年日本对外直接投资的地区分布　　单位：百万美元

年份	亚洲	大洋洲	北美	中南美	欧洲	非洲
2011年	40208	8767	15166	11287	39841	464
2012年	33954	11075	35768	10454	31017	116
2013年	40561	6098	46505	10197	32227	537
2014年	44176	6331	50126	6671	27546	1501
2015年	33535	7661	46013	7730	34574	1237
2016年	14913	7293	53894	29415	73568	550
2017年	43051	5010	50426	12086	61663	1620
2018年	53275	1717	24070	24646	53865	1575

数据来源：日本贸易振兴机构发布的相关年份《世界贸易和投资报告》。

从对外直接投资的行业分布来看，该阶段日本的制造业比重低于非制造业。具体来看，2011 年日本制造业对外直接投资延续前两年的增长趋势，增加到 5795.2 亿美元，制造业比重超越了非制造业。2012 年和 2013 年日本制造业直接投资量连续下降，下降幅度分别为 17.7% 和 13.8%，因此这两年的对外直接投资比重小于非制造业。2014 年日本制造业对外直接投资实现了增长，投资额达到 6444.1 亿美元，同比增长 51.7%，为该阶段日本制造业对外直接投资增幅最大的一年。2015 年和 2018 年日本制造业对外直接投资都出现下降，但是下降幅度都处在合理区间范围内，2016 年和 2017 年日本制造业对外直接投资又实现了连续两年的增长，增幅分别为 14.3% 和 3.5%，尽管投资额增加，但是制造业投资比重仍然低于非制造业。2018 年日本对外直接投资流量尽管在全球处于第一位，但是仍出现了一定程度的下降，所以尽管该年日本制造业对外直接投资绝对量出现下降，但其比重却实现上升。

日本非制造业对外直接投资在该阶段呈现波动发展特征。2011—2013 年日本非制造业对外直接投资实现了持续增长，其比重在 2012 年超过了制造业对外直接投资。2014 年非制造业对外直接投资出现了下滑，降幅为 30.1%，是该阶段日本非制造业对外直接投资降幅最大的一年。2015—2017 年日本非制造业对外直接投资实现了连续三年的增长，上涨幅度分别为 25.3%、25.1% 和 6.8%，并且这三年非制造业比重也呈现上涨的趋势。2018 年日本的制造业和非制造业对外直接投资都出现了大幅下降，其中非制造业直接投资总额为 8833.1 亿美元，同比下降 18.4%，高于制造业对外直接投资的下降幅度（表 4–17）。

表4-17　2011—2018年日本对外直接投资行业分布及比重

年份	制造业（百万美元）	制造业比重（%）	非制造业（百万美元）	非制造业比重（%）
2011年	57952	50.07	57780	49.93
2012年	49250	40.25	73102	59.75
2013年	42473	31.44	92577	68.56
2014年	64441	49.89	64712	50.11
2015年	47560	36.96	81108	63.04
2016年	54442	34.92	101427	65.08
2017年	56390	34.23	108302	65.77
2018年	54874	38.31	88331	61.69

数据来源：日本贸易振兴机构发布的相关年份《世界贸易和投资报告》。

将制造业和非制造业对外直接投资进一步细化行业，由表 4-18 可知，该阶段在日本制造业对外直接投资中，化学医药行业、输送机械器具行业一直在日本制造业对外直接投资中占据重要地位，例如 2018 年这两个行业的对外直接投资占制造业对外直接投资的比重分别为 26.1% 和 23.2%。通信业、商业、金融保险业、房地产业和服务业在该阶段仍然是非制造业对外直接投资中占比较高的五个行业，其中随着 5G 时代的到来，各国在通信业方面展开了激烈的市场竞争，日本积极在海外发展通信业，2018 年通信业对外直接投资高达 3896 亿美元，成为非制造业对外直接投资中投资额最高的行业。日本服务业对外直接投资也在不断增长，2018 年实现 1292 亿美元的直接投资额，占非制造业对外直接投资的比重为 14.6%。金融保险业、房地产业和商业三类行业的对外直接投资在 2018 年都出现了下降，下降幅度分别为 25.3%、27.9% 和 49.6%。

表4-18　2017—2018年日本对外直接投资具体行业投资额　单位：百万美元

行业	2017年	2018年	行业	2017年	2018年
制造业	56390	54874	非制造业	108302	88331
食品业	10000	336	农林业	116	19
纤维	817	1765	渔水产业	49	48
木材纸浆	202	1071	矿业	793	7814
化学医药	10557	14312	建筑业	1655	2464
石油	159	494	交通业	1069	2100
橡胶皮革	1183	1583	通信业	22782	38964
玻璃土石	1671	1766	商业	27836	14043
铁有色金属	3416	3675	金融保险业	33373	24944
一般机械器具	8740	6206	房地产业	6389	4604
电器机械器具	6128	8141	服务业	9017	12928
输送机械器具	9014	12728			
精密仪器	3063	1190			

数据来源：日本贸易振兴机构发布的2019年《世界贸易和投资报告》。

4.3　韩国对外直接投资发展史

作为“亚洲四小龙”代表之一的韩国是第二次世界大战后由落后国家变为发达国家的典型，其成功的原因有很多，其中外向型的发展战略是一个重要原因。韩国外向型的发展战略包括两个方面：一是积极吸引外资，举借大量外债；二是从事国际贸易和对外直接投资，参与国际市场竞争。韩国的对外直接投资虽然在规模上不及美日等国家，但是其发展速度快、参与国际竞争能力强等特点日益吸引着世界市场的关注。

“二战”后韩国从日本的殖民统治下解放出来，其经济并没有立刻起飞，而是经历了一个长达 16 年的“救济时代”，这一时期美军占领地政策和工业遗产处理、农业改革等并没有给光复后的韩国带来经济繁荣，相反却使得韩国加大了对“美援”的依赖程度①。因此，在战后初期韩国经济发展缓慢，国内资本力量弱小，外汇短缺，企业数量和实力有限，几乎无法开展对外直接投资。20 世纪 60 年代起，韩国政府采取了外向型的经济发展战略，依靠国际经济科技力量，参与国际市场的竞争，克服经济技术落后和国内市场狭小的不利条件，逐渐开始了对外直接投资②。

韩国的对外直接投资自 1968 年正式起步后，就呈现出逐步增长的趋势，同时在不同的时期还具有不同的发展特点和影响因素，据此本书把韩国对外直接投资分为以下几个阶段：初始阶段（1945—1980 年）、快速发展阶段（1981—1989 年）、大规模发展阶段（1990—1997 年）、波动发展阶段（1998—2006 年）和稳定发展阶段（2007 年至今）。

4.3.1　初始阶段（1945—1980 年）

20 世纪 60 年代之前，韩国的发展受到国际收支问题的严重影响，国家长期存在账户赤字，国内资本严重不足。在国家主导经济模式下，政府认为资本流入、出口和本国所有权要优于资本流出、进口和外商所有权，在这种思想意识支配下，韩国对外直接投资发展缓慢。20 世纪 60 年代后，

① 崔志鹰、朴昌根：《当代韩国经济》，上海同济大学出版社 2010 年版，第 9~15 页。

② 金明玉：《韩国对外直接投资的发展轨迹及其绩效研究》，中国社会科学出版社 2015 年版，第 27 页。

随着韩国经济的发展，其国际收支状况开始好转，韩国的对外直接投资也开始发展。

韩国早在1959年就开始了对外直接投资——大韩重石矿业公司在美国所进行的不动产投资，成为韩国第一笔“走出去”的投资，为韩国进行对外直接投资积累了宝贵的经验[①]。1968年韩国南方开发公司在印度尼西亚投资300万美元实施林业开采投资项目，这标志着韩国拉开了持续进行对外直接投资的序幕[②]，整个20世纪70年代韩国的对外直接投资表现出增长的态势。在该阶段韩国对外直接投资呈现以下特点：

首先，投资规模小，投资项目少。自韩国首个对外直接投资项目开始以来，直到1975年，共有82个项目，累计金额为0.55亿美元，平均每项对外投资项目金额不足70万美元[③]。在20世纪70年代的后半期，韩国的对外直接投资尽管规模仍然较小，但是与1959—1975年阶段相比，有了显著的提高。1976—1980年韩国对外直接投资量为1.34亿美元，相当于1975年以前对外直接投资总额的2.4倍。这五年韩国共实施了281个对外直接投资项目，比1975年以前投资项目数的总额增加了2.43倍，其中仅1976年韩国对外直接投资项目数就达到46个[④]。韩国在1945—1980年对外直接投资总额仅为1.7亿美元，投资项目数为363个，表明该阶段韩国的对外直接投资规模较小。之所以出现此种现象，一方面是韩国政府在该阶段经济发展的重心是扩大对外贸易，提高产品的出口能力，而对对外直接投资的重视程度不高，发展对外直接投资的目的也仅仅是带动商品出

① 牟韶华、康荣平:《亚洲“四小龙”对外直接投资的特征与比较研究》,《世界经济与政治》，1997年第11期。

② 邵勋:《韩国对外投资的回顾与前瞻》,《经济研究参考》，1996年第1期。

③ 张喜民:《韩国的利用外资和对外投资》，山东大学出版社1997年版，第108~200页。

④ 金明玉:《韩国对外直接投资的发展轨迹及其绩效研究》，中国社会科学出版社2015年版，第29页。

口、开拓海外市场、获取资源等，这导致政府在制定有关对外直接投资的政策和制度规范时存在不足；另一方面是由于韩国企业在该阶段自身实力较弱，无力进行大规模的对外直接投资。

其次，从对外直接投资的行业分布来看，韩国对外直接投资初期主要集中于农业和渔业、矿业，后又逐渐扩展至制造业、建筑业、商贸业等行业部门。在该阶段农业和渔业对外直接投资量为 3534.7 万美元，成为韩国对外直接投资量最大的行业；制造业是仅次于农业和渔业的对外直接投资行业，投资总量达到 3322.6 万美元，占该阶段对外直接投资的比重为 22.88%。此外，韩国在交通仓储业、酒店餐饮业、服务业和房地产业等行业的对外直接投资也有所增长，对外直接投资的行业体系初步建成（图 4-19）。

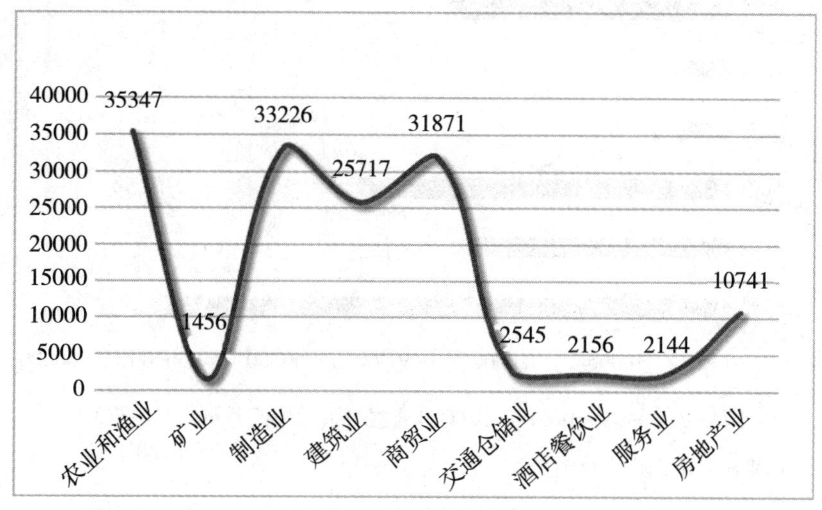

图4-19　1968—1980年韩国对外直接投资的行业分布（千美元）

数据来源：韩国进出口银行。

韩国之所以出现对外直接投资行业增多的现象，主要是因为 20 世纪 70 年代韩国国内在轻工业发展成熟后，出现了发展后劲不足的事实，韩国政府开始实行优先发展重工业战略，把许多轻工业转移到了国外。同时，为了获得重工业发展所需的原料和燃料，韩国在国外进行资源类直接投资[①]。

最后，从地区分布来看，其主要集中在亚洲和北美洲。由于韩国与东南亚、东亚的国家和地区地理距离近，历史、文化具有相似性，经济交往较为频繁，因此韩国对外直接投资的发展初期把亚洲作为最主要的投资目的地，其投资比重最高，达到 34.1%；其次为北美洲，比重为 22.5%；该阶段韩国在非洲的直接投资量较大，成为仅次于亚洲和北美洲的地区，比重为 17.4%。此外，韩国在拉丁美洲、非洲、欧洲、大洋洲等地区的直接投资也有一定的规模[②]（图 4-20）。

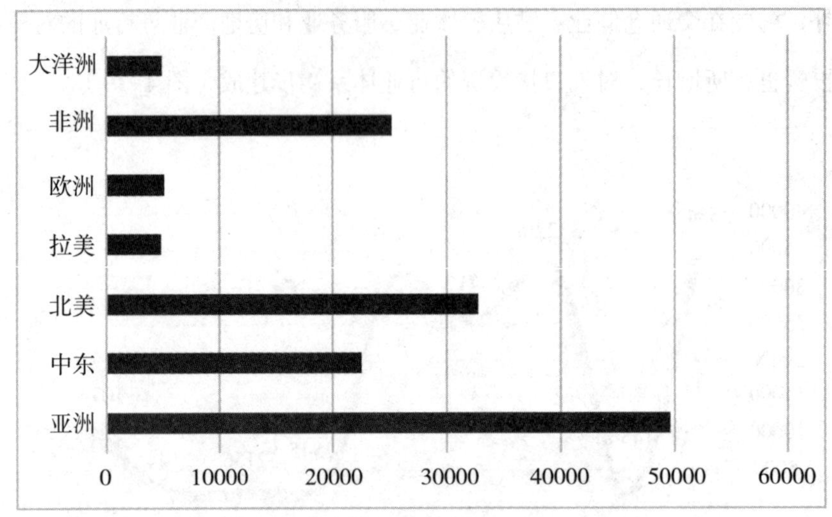

图4-20　1968—1980年韩国对外直接投资的地区分布（千美元）

数据来源：韩国进出口银行。

从行业的地区分布来看，韩国制造业对外直接投资集中在东南亚地区，建筑业、矿业主要集中于石油资源丰富的中东地区，商贸业主要分布

① 张宝仁：《现代韩国经济》，吉林大学出版社 2000 年版，第 33 页。

② 在韩国对外直接投资区域分布统计中，把中东从亚洲中分离出来，单独列数据；北美数据统计中不包括墨西哥。

在欧美、东南亚国家和地区。

4.3.2 快速发展阶段（1981—1989 年）

经过战后三十多年的发展，韩国经济在 20 世纪 80 年代走上了快车道。1981—1989 年韩国 GDP 年平均增长率达到 9.94%，失业率一直处在较低水平[①]。在国内较好经济形势的影响下韩国大力拓展海外贸易，参与全球竞争。在这种背景下韩国于 1986 年实现了国际收支长期逆差到顺差转变[②]，不断出现的顺差为韩国进一步扩大对外直接投资奠定了基础。从国际经济环境来看，20 世纪 80 年代是经济全球化快速发展的时代，跨国公司在海外的并购一浪高过一浪，与世界经济的联系更加紧密[③]。在这种背景下，韩国对外直接投资迎来了快速发展阶段。这一阶段的主要特点有：

第一，对外直接投资增长速度快，规模显著提高。1981 年韩国对外直接投资实际项目数为 49 个，而到 1989 年时共有 269 个，增长了 4.49 倍，该阶段韩国对外直接投资实际项目数年平均增长率为 23.7%。1981 年韩国对外直接投资金额为 2821.1 万美元，到 1989 年时增加到 57079.5 万美元，增加了 19.23 倍，1981—1989 年韩国对外直接投资年平均增长率达到 45.6%，高于同期韩国 GDP 年平均增长率，该阶段是韩国对外直接投资增长迅速的时期。1982 年韩国的对外直接投资首次突破 1 亿美元，1981—1989 年韩国对外直接投资实际项目数共计 818 个，总金额达到 177991.9

① 李春虎、张世和：《当代韩国经济》，上海外语教育出版社 2003 年版，第 77 页。

② 金明玉：《韩国对外直接投资的发展轨迹及其绩效研究》，中国社会科学出版社 2015 年版，第 40 页。

③ 张鸿钧、姜照华：《经济全球化的动因、实质及影响》，《大连理工大学学报（社会科学版）》，2000 年第 4 期。

万美元，无论是项目数量还是投资额都远远高于上个阶段，可见韩国在该阶段的直接投资规模显著提高（图 4-21）。

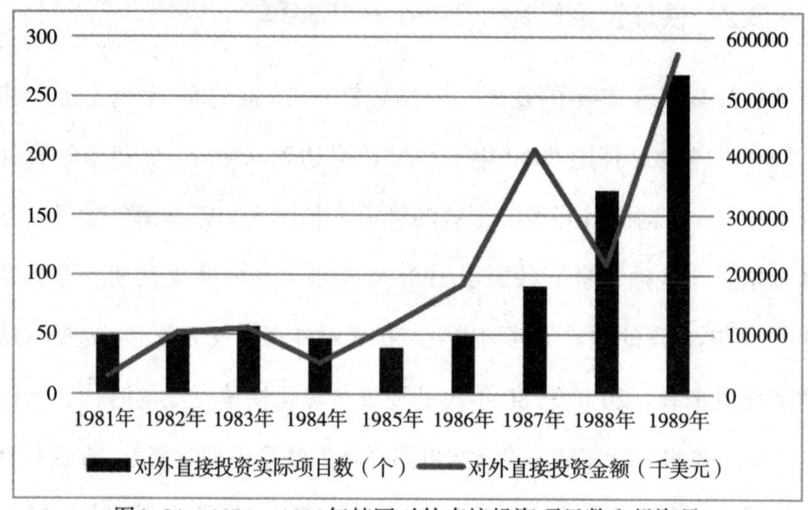

图4-21　1981—1989年韩国对外直接投资项目数和投资量

数据来源：韩国进出口银行。

第二，从对外直接投资的行业分布来看，韩国制造业对外直接投资增长明显。1981 年韩国制造业对外直接投资额为 457.1 万美元，除了 1984 年和 1988 年有所下降外，该阶段其他年份制造业对外直接投资都实现了增长，到 1989 年时已经达到 2.8 亿美元，增量巨大。制造业占总投资额的比重在该阶段呈现上升趋势，特别是在 1989 年，制造业比重达到了 49.1%，接近当年对外直接投资总额的半数（表 4-19）。在非制造业行业中，矿业和商贸业投资量较大，另外金融保险业、服务业和房地产业在该阶段实现了快速增长。韩国国内矿产资源的供求矛盾是该阶段韩国矿业对外直接投资增多的原因。具体来看，韩国国土面积狭小，矿产资源数量较少，再受到韩国重工业发展战略的影响，导致韩国对矿产资源的供求矛盾十分突出，因此韩国只能借助国际市场，在国外寻求矿产资源。20 世纪

80 年代上半期，韩国对大洋洲的投资额显著上升，这主要是因为韩国跨国公司对资源开发项目的投资增加，而大洋洲就是矿产资源丰富的地区。例如，韩国浦项钢铁联合企业在澳大利亚实施的煤炭开采投资项目就是属于此类投资[①]。

表4–19　1981—1989年韩国对外直接投资行业分布及比重

年份	制造业（千美元）	制造业比重（%）	非制造业（千美元）	非制造业比重（%）
1981年	4571	16.2	23640	83.8
1982年	6124	6.0	94717	94.0
1983年	26724	24.5	82190	75.5
1984年	13047	25.9	37141	74.1
1985年	20646	18.3	92129	81.7
1986年	76643	41.9	106008	58.1
1987年	156065	38.0	253645	62.0
1988年	84976	39.3	130858	60.7
1989年	280469	49.1	290326	50.9

数据来源：韩国进出口银行。

第三，从地区分布来看，北美超越亚洲，成为韩国第一大对外直接投资地区，对非洲的投资比重下滑明显。具体来看，北美洲成为韩国对外直接投资的第一大区域，投资比重由 22.7% 上升到 44.8%[②]，增幅明显（图 4–22）。韩国对亚洲的投资比重出现了下降，由第一位下降到了第二位，对中东和中南美洲的直接投资比重有所增加，而对非洲的投资比重出现了较大幅度的下降，这是韩国对外直接投资战略的转移和非洲市场环境的变化共同影响的结果。20 世纪 80 年代，由于受到经济衰退的影响，非洲国

① 崔文子：《韩国企业的国际化战略》，《经济论坛》，2001 年第 4 期。

② 张喜民：《韩国的利用外资和对外投资》，山东大学出版社 1997 年版，第 210 页。

家的政治、社会形势极不乐观，法律制度不完善，对外商的吸引力出现下降。另外韩国投资战略由资源寻求型转为市场寻求型，因此韩国直接投资开始转向欧美国家，从而造成了韩国对非洲的投资比重减少而对北美的直接投资比重快速上升的局面。通过投资重心的转移，可以发现韩国对外直接投资目标和投资战略动机具有相合性，也说明了韩国对外直接投资已经摆脱了自由发展的初级阶段进入有规划发展的成熟阶段。

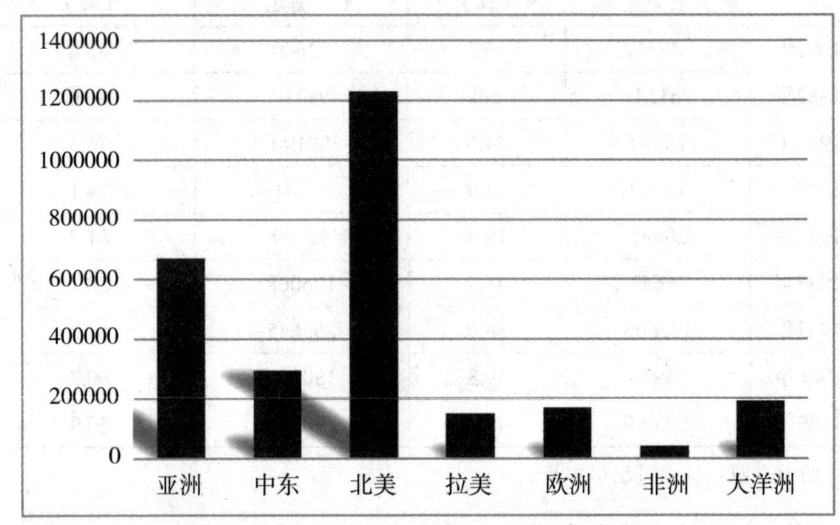

图4-22　1981—1989年韩国对外直接投资的地区分布

数据来源：韩国进出口银行。

第四，韩国中小企业在该阶段的对外直接投资很活跃。一方面韩国经济的发展使得许多中小企业实力增强，具备了对外进行投资的能力；另一方面，随着韩国大财阀纷纷在国外投资设厂，尤其是在东南亚地区建立许多生产基地，诱使中小企业向海外进行直接投资。20 世纪 80 年代以前，韩国对外直接投资的主体绝大多数都是大型企业，而中小企业由于规模小，进行直接投资的数量非常有限，从直接投资实际项目数的增长可发现，中小企业每年新增加的对外直接投资项目数量仅为 5 个左右，但从

1986 年开始增加到 13 个，1987—1988 年又增加了 87 个；中小企业的对外直接投资金额在该阶段后期也实现了巨大幅度的增长，如 1986 年时新增直接投资量仅为 128 万美元，而到了 1988 年增加到了 2920 万美元；韩国的中小企业主要投资于制造业，其次为商贸业。

韩国在该阶段对外直接投资的显著特点形成的原因主要包括：

首先，激烈的国际竞争环境推动了韩国对外直接投资的增长。具体来看，由于发达国家在 20 世纪 80 年代实行起配额限制等贸易保护主义政策，制约了韩国对外贸易的发展，依靠外向型发展战略的韩国在对外贸易受挫的情况下开始转为对外直接投资。此外，受到国际贸易保护主义的影响，韩国和那些发展方式与韩国颇为相似的亚洲“四小龙”中其他三个地区在国际市场上的竞争也逐渐激烈，为了减少贸易摩擦，同时避开贸易壁垒，韩国加大了对外直接投资。例如，对美国的投资迅速增加，进而回避对美出口所遇到的壁垒。此外，韩国还采取以第三国作为生产基地对美国出口的“迂回战略”，1982 年韩国三星电子公司在葡萄牙建立了年产 20 万台彩电的工厂，除了打入西欧市场外，也是对美国的一种“迂回出口”战略[①]。

其次，韩国垄断财阀的实力在经济发展过程中进一步增强，它们有了更为雄厚的资本，客观上推动了这些财阀企业“走出去”。在韩国重工业发展的背景下，本就实力强大的垄断财阀进一步增强了竞争力，一些财阀甚至可以影响整个韩国国民经济的运行。1984 年财阀企业的出口额为

① 金姬玉：《韩国三星集团是如何进军欧共体市场的》，《世界经济与政治》，1994 年第 3 期。

143.18亿美元，占当年韩国出口总额的48%[①]。随着经济实力的增强，韩国财阀企业集团渴求在世界大工业企业的行列中也占据一席之地，因此这些韩国企业集团成为韩国发展外向型经济的主力。其发展战略主要为三个阶段：第一阶段，开展出口导向型生产，推动企业产品出口；第二阶段，组建综合贸易商社，建立与生产过程相关的各种网络，参与国际市场，并依靠竞争力的产品增加市场份额；第三阶段，实现跨国公司化，不仅进行商品的交易，还进行直接投资。20 世纪 70 年代韩国财阀企业的跨国公司化已经得到一定程度的发展，进入 20 世纪 80 年代后，随着它们的经济实力不断增强，都实现了迅速的发展。因为具有雄厚财力的韩国财阀企业集团积极进行对外投资，因此在 20 世纪 80 年代韩国对外直接投资出现了一些新特点：投资项目增速快，投资规模显著增加，同时对外直接投资主要集中于矿业和制造业等行业。

最后，韩国政府对对外直接投资企业采取鼓励、支持和扶植政策。20 世纪 80 年代韩国政府通过财政、金融和保险等经济方式对企业的对外直接投资提供支持，例如为本国跨国企业提供低息贷款、咨询服务和相关投资信息，培训派遣海外的各种人员等[②]。金融支持是韩国政府对对外直接投资企业提供的最早的有利政策，1971 年为保证原料供应和资源开发，韩国政府对这些投资进行了金融支持，到 1973 年制造业也成为对外直接投资金融支持的对象行业。这一阶段，韩国政府完善对外直接投资立法，并放宽了对外投资约束，以推动对外直接投资的发展。1987 年韩国金融部修改

① 金承男：《韩国对外关系论》，吉林大学出版社 2000 年版，第 108 页。

② 金明玉：《韩国对外直接投资的发展轨迹及其绩效研究》，中国社会科学出版社 2015 年版，第 57 页。

了对外直接投资审批制度，放宽了对外直接投资额度的限制，并对小额对外直接投资实行自动审批制度，同时缩短了审批时间。

4.3.3 大规模发展阶段（1990—1997 年）

进入 20 世纪 90 年代后，韩国经济仍然处在快速发展阶段，1990—1997 年韩国经济年平均增长率为 8.18%，而同期世界经济增长率只有 1.1%①，远低于韩国经济增长水平。伴随着经济的快速发展，韩国国内的产业结构也在不断优化，到 1995 年韩国第三产业的比重已经超过 50%，第一产业降至 10% 以下②。该阶段，为应对韩元升值、贸易摩擦等问题，韩国实行了更为开放的海外投资政策。从全球视角来看，东欧剧变、苏联解体，世界逐渐融为一体，经济全球化更加深入，此外以互联网为代表的通讯手段的发展使得各国交流更加便捷，这些因素都推动了韩国对外直接投资的进一步发展。

首先，从对外直接投资发展规模来看，韩国对外直接投资实现了大规模发展。1990—1997 年韩国对外直接投资实际项目数共有 7597 个，投资总额达到 165.72 亿美元，分别是 1985 年以前累计对外直接投资项目数和金额总和的 14 倍和 36 倍。具体来看，1991 年韩国对外直接投资额首次突破 10 亿美元，成为世界直接投资市场中具有重要影响力的国家和地区之一，尽管 1997 年韩国受到亚洲金融危机的影响，但是该年韩国对外直接投资规模仍然达到了 37.15 亿美元，比 1989 年对外直接投资金额增加了 4.5 倍。

其次，从对外直接投资的行业分布来看，在该阶段韩国制造业对外直

① 萧国亮、隋福民：《世界经济史》，北京大学出版社 2007 年版，第 424 页。

② 数据来源于国际货币基金组织世界经济展望数据库。

接投资比重超越非制造业，成为韩国对外直接投资最主要的行业。1990 年韩国制造业对外直接投资额为 4.87 亿美元，而非制造业对外直接投资额为 4.73 亿美元，成为韩国自 20 世纪 80 年代以来第一次制造业比重超越非制造业的年份。在该阶段除了 1993 年制造业对外直接投资比重小于非制造业外，其余年份都是相反情况。1994 年韩国制造业对外直接投资首次突破 10 亿美元，总计为 14.9 亿美元，同比增长 160%，是韩国制造业增长速度最高的年份之一。1995—1996 年韩国制造业继续增长，其对外直接投资额分别为 20.4 亿美元和 28.3 亿美元，同比增长分别为 36.9%、38.7%。1997 年受亚洲金融危机的影响，韩国对外直接投资出现了下降，但是制造业对外直接投资在比重上仍然高于非制造业对外直接投资（图 4-23）。

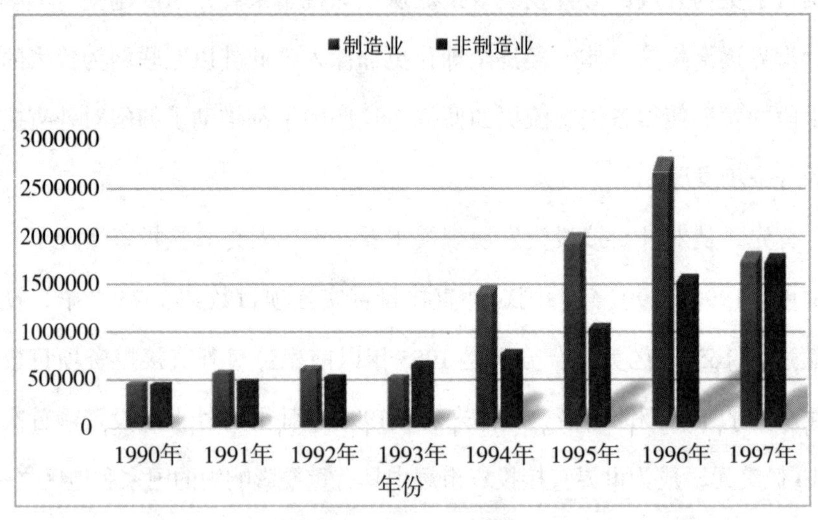

图4-23　1990—1997年韩国制造业和非制造业对外直接投资变化趋势

数据来源：韩国进出口银行。

在非制造业对外直接投资中，电信业开始崛起，但商贸业、矿业、服务业和房地产业一直是主要的非制造业投资行业，在该阶段这四种行业的投资额依旧巨大。商贸业继续呈现出上涨的趋势，这主要是因为韩国发展对外贸易一直是其“兴国之本”，而在海外设立的有关贸易的直接投资企业，除了为避开贸易壁垒外，还主要为韩国对外贸易服务。韩国矿业对外直接投资在该阶段呈现出稳定发展特征，它是除了商贸业外韩国第二大非制造业投资行业。韩国房地产业对外直接投资在1990—1994年发展较为缓慢，而在1995—1997年实现了快速增长。而服务业对外直接投资发展态势与房地产业颇为相似，发展高峰都出现在1995—1997年。电信业对外直接投资的兴起是韩国对外直接投资在该阶段的一个重要特征。1995年韩国电信业对外直接投资量为2.96亿美元，成为该年度第二大非制造业对外直接投资行业，尽管1996年电信业对外直接投资有所回落，但是到1997年又重新排到非制造业对外直接投资的第二位（图4-24）。20世纪90年代韩国将电子信息产业作为发展的重点，政府采取多种措施鼓励和支持电子信息产业的发展，尤其是鼓励相关产业走出国门，参与全球竞争，提高韩国电信企业的竞争力。

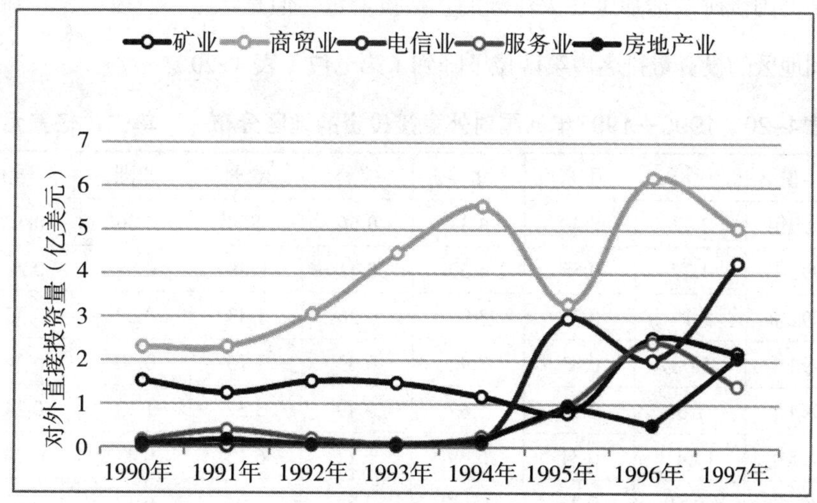

图4-24　1990—1997年韩国非制造业相关行业对外直接投资变化趋势

数据来源：韩国进出口银行。

最后，从区域分布来看，韩国对外直接投资在该阶段的投资重心又转移到了亚洲。1990—1997年韩国在亚洲的直接投资总额高达82.16亿美元，超越同期在北美的总投资额 52.94 亿美元，亚洲又成为韩国对外直接投资的重心。具体来看，1990 年韩国在亚洲的直接投资额为 2.92 亿美元，然后呈现出上升趋势，到 1997 年直接投资额达到了 17.31 亿美元，比 1990 年增加了 4.9 倍。而韩国在 1990—1995 年对北美地区的直接投资平均额为 4.66 亿美元，低于同期在亚洲的 7.72 亿美元的平均额。1996 年韩国在北美的直接投资实现了大幅增长，而之后的 1997 年又出现了下降。韩国在该阶段的第三大投资区域变为欧洲地区，在上一阶段中东成为韩国仅次于北美和亚洲的对外直接投资目的地，本阶段随着韩国市场寻求型的海外企业数量的增多，其必然会增加对市场发达、消费者众多的欧洲地区的直接投资。韩国对拉美地区的直接投资也实现了一定程度的增长，由 1990 年的 0.66 亿美元增加到 1997 年的 9.09 亿美元，增加了 12.7 倍，相对位置也由第六位升至第四位。韩国该阶段增加了在大洋洲的直接投资量，但是与上一阶段相比，在大洋洲地区的投资量排名由第四位下降到了第七位（表 4–20）。

表4–20 1990—1997年韩国对外直接投资的地区分布 单位：亿美元

年份	亚洲	中东	北美	拉美	欧洲	非洲	大洋洲
1990年	2.92	0.40	4.38	0.66	0.64	0.26	0.32
1991年	4.27	0.58	4.60	0.41	0.89	0.18	0.22
1992年	5.19	0.75	3.93	0.36	1.43	0.29	0.23
1993年	5.03	0.85	3.92	0.43	1.75	0.30	0.34
1994年	11.53	0.38	5.67	0.49	3.57	1.13	0.24
1995年	17.41	0.31	5.49	1.22	6.13	0.41	0.39
1996年	18.50	0.26	15.99	2.72	6.04	0.17	0.71
1997年	17.31	0.68	8.96	2.80	4.32	1.13	1.36
总计	82.16	4.21	52.94	9.09	24.77	3.83	3.81

数据来源：韩国进出口银行。

该阶段除了有上述特点外，还有一个新的显著特点，即韩国对中国的直接投资开始迅猛增长。其对中国的直接投资始于 1988 年，在 1988 年以前韩国以间接的方式在中国投资，即通过在第三国和地区成立企业再进入中国市场[①]。1988—1991 年韩国对中国的直接投资实际项目数共有 103 个，直接投资总额共计 7190 万美元，在这四年内韩国对中国的直接投资呈现上升趋势。1992 年中国与大韩民国正式建立外交关系，不断改善的两国关系推动了韩国在中国的直接投资，该年度韩国在中国的直接投资达到 1.4 亿美元，同比增长 235%，增幅巨大。1990—1997 年韩国对中国的直接投资累计达到 31.62 亿美元，占同期韩国对亚洲对外直接投资总额的比重为 38.4%，表明该阶段中国是韩国最重要的投资目的地之一。制造业是韩国对中国直接投资的主要行业，因为在 20 世纪 90 年代中国具有廉价的劳动力和优惠的引资政策，这就吸引了与中国地理距离较近的韩国制造业大量进入中国，在 1993 年时韩国对中国的制造业直接投资比重达到九成以上，1994 年降为八成。服装纺织业、金属装配业和鞋类皮革业是韩国对中国直接投资的最主要制造业部门。随着中国人力成本的上升，在该阶段后期，韩国对中国的直接投资出现劳动密集型产业下降、资本密集型产业上升的趋势。从直接投资的地区分布来看，这一阶段，韩国对中国的直接投资主要集中在环渤海地区的北京、天津、河北、山东和东北地区，这些地区在 1996 年占韩国对中国直接投资总额的比重达到 84.8%。从对外直接投资主体上来看，在该阶段前期韩国对外直接投资主要分布在轻工业如纺织、餐饮等行业，这些投资主体以中小企业为主。到了该阶段中后期，韩国在中

---

① 金明玉：《韩国对外直接投资的发展轨迹及其绩效研究》，中国社会科学出版社 2015 年版，第 45 页。

国的直接投资转向机械、化工、汽车零件、建筑业等行业，这些行业的投资主体主要是大企业。

该阶段韩国对中国直接投资迅速增长的原因有：从韩国视角来看，韩国国内产业结构在不断优化，需要把劳动密集型产业转移到劳动成本低廉的地区，同时通过在国外生产可以绕过发达国家的贸易壁垒；而从中国视角看，在20世纪90年代中国有着廉价的劳动力，并且政府采取积极引资政策，同时中国与韩国地理距离近，这些都极大吸引了韩国的直接投资[①]。

4.3.4 波动发展阶段（1998—2006年）

1997年亚洲爆发的金融危机重创了韩国的经济，韩国经济高速增长的局面出现了改变，1998年韩国GDP的增长率为-5.43%，自1981年以来首次出现负增长[②]。经济的波动导致韩国外汇储备急剧下降，这在一定程度上影响了韩国的对外直接投资。进入21世纪后，韩国逐渐摆脱亚洲金融危机的影响，国民经济又出现了高速发展的态势，此外在亚洲金融危机后，韩国政府放松了对资本的管控，这直接导致韩国对外直接投资进入了调整阶段[③]。

在受到亚洲金融危机影响后，韩国对外直接投资暂时进入相对波动发展时期。由表4-21可以看出，1999年和2002年韩国对外直接投资额出现了下降，下降幅度分别为30.8%和28.3%，2003—2006年呈现出持续增长的趋势，到2006年对外直接投资额首次超过100亿美元；从投资项目数来看，

① 商德文：《海外国际性投资模式比较》，经济日报出版社1994年版，第94页。

② 数据来源于世界银行。

③ 忻华：《世界经济“半外围区”的金融脆弱性——以两次金融危机中的韩国为例》，《东北亚论坛》，2009年第2期。

1997 年韩国对外直接投资实际项目数为 1335 项，而到 1998 年时锐减到 617 项，下降幅度巨大。但是自 1999 年开始韩国对外直接投资的实际项目数持续增加，到 2006 年时达到了 5188 项。

表4-21　1998—2006年韩国对外直接投资情况

年度	批准		实际	
	项目数（项）	投资额（百万美元）	项目数（项）	投资额（百万美元）
1998年	719	5829	617	4815
1999年	1266	5099	1093	3332
2000年	2291	6096	2091	5100
2001年	2328	6366	2154	5174
2002年	2740	6250	2491	3709
2003年	3074	5570	2812	4092
2004年	3924	7903	3766	5947
2005年	4559	9029	4399	6561
2006年	5248	18514	5188	10733

资料来源：韩国进出口银行。

韩国对外直接投资在该阶段除了呈现波动发展特征外，还具有以下特点。

第一，从横向比较看，与发达国家、新兴市场国家和地区作对比，韩国对外直接投资总体规模较小，和这些国家和地区存在较大差距。以 2000 年有关国家和地区的对外直接投资、GDP 和人均 GNI 数据为例，韩国对外直接投资占名义 GDP 比值为 5.8%，而与此同期的人均 GNI 高于韩国的美国、欧盟和中国台湾在 2000 年对外直接投资占名义 GDP 的比重分别为 13.2%、40.1% 和 15.9%，都明显高于韩国的直接投资占名义 GDP 的比重，只有人均 GNI 是韩国的 3.89 倍的日本的数值与韩国相当。尽管韩国近年来对外直接投资发展速度快，规模增大，但是与发达国家和地区仍有距离[①]（表 4–22）。

表4–22 2000年对外直接投资占名义GDP比例的国际比较

变量	韩国	美国	欧盟	日本	中国台湾
OFDI与GDP比值（%）	5.8	13.2	40.1	5.8	15.9
人均GNI（美元）	9770	34862	28554	38026	14186

数据来源：联合国贸发会议（UNCTAD）。

第二，从对外直接投资的地区分布来看，韩国对外直接投资在该阶段仍以亚洲为第一层次的直接投资目的地，北美和欧洲属于第二层次的直接投资目的地。自韩国开始进行对外直接投资以来，就一直以亚洲和北美为主，这一点在该阶段仍未改变。通过对韩国 1997 年、2002 年和 2006 年的对外直接投资地区分布比例表可以看出它的变化趋势：1997—2002 年，韩国对欧洲的直接投资出现了大幅上升导致其比例出现增加，而在其他地区的投资比例都出现小幅下降；2002—2006 年除了对欧洲的直接投资比例出现大幅下降外，其他地区投资比例都出现了回升势头；该阶段韩国仍然以亚洲和北美地区为主，特别是在亚洲的投资额几乎占据了韩国对外直接投资额的半壁江山（表 4–23）。

表4–23 韩国对外直接投资地区分布比例

年份	亚洲	北美	中南美	欧洲	非洲	大洋洲
1997年	49.76%	24.3%	7.54%	11.7%	3.04%	3.69%
2002年	48.39%	15.5%	7.41%	26.0%	0.48%	2.13%
2006年	57.99%	19.9%	7.02%	11.2%	1.99%	1.87%

数据来源：韩国进出口银行。

第三，从对外直接投资的行业分布来看，该阶段韩国的对外直接投

① 金明玉：《韩国对外直接投资的发展轨迹及其绩效研究》，中国社会科学出版社 2015 年版，第 49 页。

资仍以制造业为主，但是制造业呈现波动发展特征；非制造业中服务业、矿业、电信业和商贸业直接投资金额较高。受到亚洲金融危机的影响，1998—2000 年的韩国制造业对外直接投资呈现下降趋势，2000 年制造业对外直接投资占总投资额的比重为 30.3%，低于上一阶段的平均比例水平；2001 年制造业对外直接投资实现了回升，比例达到 74.3%，超越半数；之后的 2002 年和 2005 年又出现回落，总之该阶段韩国制造业对外直接投资呈现波动变化特征。在非制造业对外直接投资中，商贸业和服务业在该阶段发展迅速，尤其是服务业增长更加明显，2000 年韩国服务业对外直接投资额达到 19.32 亿美元，超越制造业对外直接投资额，成为第一大对外直接投资行业。与上一阶段相比，韩国电信业对外直接投资增速放缓，占总投资的比例出现下降（图 4–25）。

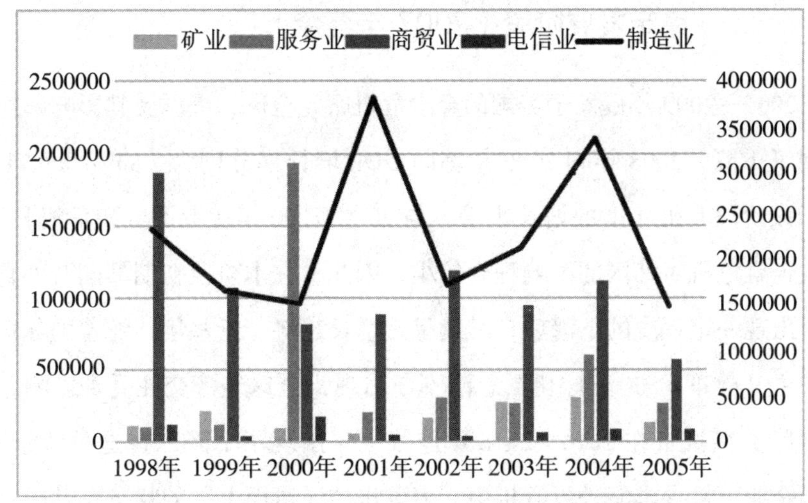

图4–25　1998—2005年韩国对外直接投资的行业分布

数据来源：韩国进出口银行。

第四，从对外直接投资的主体来看，韩国对外直接投资一直以大型企业为主导，同时中小企业的比重在不断提高。1997 年韩国大型企业的对外直接投资量占总投资量的比重为 82%，到 1998 年时增加至 92.9%，尽管其后几年比例呈现波动，但始终高于 50%。2006 年韩国大型企业对外直接投资占比达到 57.9%，尽管其直接投资实际项目数有所下滑，但是总的投资量却是上升的。与之相对应的是 1997 年中小企业的投资量仅为总投资量的 15.8%，1998 年继续下滑，1999 年开始一直处在增长阶段，到 2006 年时比重已经达到 33.3%。从韩国对外直接投资总的发展态势来看，尽管中小企业的对外直接投资增长速度较快，但是大型企业作为最主要的对外直接投资主体的特征未能改变。从企业投资方式来看，韩国对外直接投资偏重于独资方式，该阶段采取独资方式投资的企业所占的比例呈现稳步增加趋势，1997 年企业独资占整个对外直接投资规模的 67%，至 2006 年时该比例增加到 74%，增加了 7 个百分点。

4.3.5 稳定发展阶段（2007 年至今）

2007—2009 年爆发于美国的金融危机席卷全球，韩国受其影响，经济出现了下降，2008 年和 2009 年韩国 GDP 增长率分别为 2.83% 和 0.71%，低于该阶段其他年度的增长水平。与 20 世纪 90 年代亚洲金融危机相比，这次金融危机对韩国的影响程度较小，因此，在本阶段初期韩国对外直接投资出现一定程度的下滑后，继续呈现增长趋势。近些年，随着国际贸易保护主义政策、“逆全球化”思潮不断出现，全球经济交往受到影响，其中国际直接投资在 2016—2018 年连续三年出现了下降，在这种背景下，韩国企业积极寻求海外投资机会，表现出“逆风而上”的状态，韩国对外直接投资实现稳定发展[①]。

① 廉晓梅、许晓芹：《中、日、韩对外直接投资比较研究》，《东北亚论坛》，2016 年第 4 期。

从对外直接投资发展规模和发展速度来看，韩国对外直接投资在该阶段表现出稳定发展的特点。从实际投资额来看，除了 2009 年和 2014 年韩国对外直接投资额出现下滑外，其他年份都实现了稳定增长，该阶段韩国对外直接投资额年平均增长率为 7.2%，增长速度较快。特别是 2015—2018 年，在全球投资环境变差的条件下，韩国依然能实现对外直接投资额的持续增长，表明韩国海外企业具有丰富的投资经验和水平；从实际投资项目数上看，2007 年韩国实际投资项目数达到该阶段的最高值 6073 个，但是后来几个年份由于受到美国金融危机的影响，韩国实际投资项目数出现了下降，在摆脱金融危机影响后，2013—2018 年韩国对外实际投资项目数呈现出稳定增长的趋势（表 4-24）。

表4-24　2007—2018年韩国对外直接投资实际项目数和投资量

年份	投资量（亿美元）	项目数（个）	年份	投资量（亿美元）	项目数（个）
2007年	231.3	6073	2013年	309.2	3039
2008年	242.8	4297	2014年	285.5	3048
2009年	208.6	2672	2015年	303.5	3215
2010年	254.9	3069	2016年	395.9	3349
2011年	295.0	2943	2017年	445.9	3426
2012年	295.8	2785	2018年	497.8	3540

数据来源：韩国进出口银行。

从对外直接投资的行业分布来看，制造业对外直接投资在该阶段仍旧是韩国最主要的投资行业，矿业、商贸业、房地产业和金融保险业对外直接投资在该阶段表现突出。具体来看，2007—2008 年、2010—2015 年两个时间段内制造业是韩国对外直接投资额最高的行业，2007 年韩国制造业对外投资额为 83.07 亿美元，占对外直接投资总额的比重为 35.9%，2011 年韩国制造业对外投资首次突破 100 亿美元，达到 103.17 亿美元，比重为

34.9%，在该阶段韩国制造业投资比重都未能超过半数。金融保险业是该阶段韩国对外直接投资发展最为迅速的行业，尤其是2014—2018年，其投资量由44.31亿美元增加到了167.44亿美元的水平，年平均增长率为39.42%，远高于该阶段韩国对外直接投资的年平均增长率，2016—2018年金融保险业超越制造业成为韩国第一大对外直接投资行业。韩国的矿业对外直接投资在该阶段呈现出先增加后递减的发展态势，2009年在金融危机影响制造业下滑的情况下，矿业直接投资额仍然增长并超越制造业成为韩国第一大对外直接投资行业。自2012年以来，矿业对外直接投资呈现出下降趋势。房地产业直接投资在该阶段属于韩国对外直接投资的重要行业部门，除了2011年和2012年规模较小外，其他年份都具有较大的投资规模，2018年房地产业仅次于金融保险业和制造业，成为韩国第三大对外直接投资行业。商贸业对外直接投资一直是韩国对外直接投资的主要行业之一，本阶段的初期和后期其发展水平较高（图4-26）。

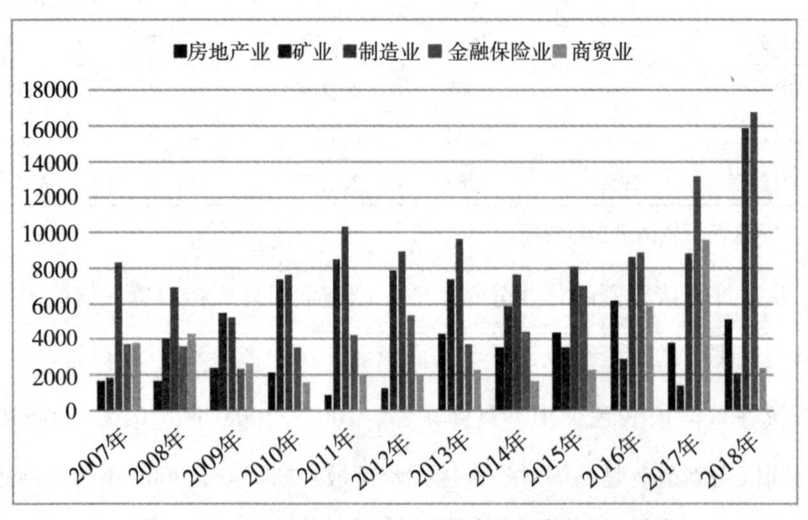

图4-26　2007—2018年韩国对外直接投资的行业分布

数据来源：韩国进出口银行。

从对外直接投资的地区分布来看，亚洲、北美和欧洲仍是韩国最主要的投资目的地，该阶段韩国对拉美地区的投资量显著增加。2007—2018 年韩国在亚洲地区直接投资金额共计 1357 亿美元，占对外直接投资总额的比重为 36.8%；在北美地区直接投资金额共计 952 亿美元，占对外直接投资总额的比重为 25.5%；在欧洲地区直接投资金额共计 648 亿美元，占对外直接投资总额的比重为 17.3%；在拉美地区直接投资金额共计 479 亿美元，占对外直接投资总额的比重为 12.8%；在其他地区共计投资 281 亿美元，占对外直接投资总额的比重为 7.6%。具体来看，除了 2016 年和 2017 年外，其他年份亚洲地区都是韩国对外直接投资量最多的地区，除了 2009 年和 2014 年外，韩国在亚洲的直接投资量皆超过 100 亿美元；在该阶段北美地区是韩国第二大对外直接投资目的地，但在 2016 年和 2017 年，韩国在该地区的投资金额分别是 149 亿美元和 155 亿美元，一度超越亚洲成为投资量最多的地区；韩国在 2007 年、2010 年、2013 年和 2018 年对欧洲的投资仅次于亚洲，处于第二位；该阶段韩国对外直接投资地区分布中一个鲜明的特点就是韩国加快了对拉美地区的投资，2007 年韩国在拉美地区的直接投资金额为 15 亿美元，到 2018 年投资量增至 479 亿美元，年平均增长率为 33.46%。从对拉美地区的投资额可以看出，韩国对外直接投资地区逐渐呈现多元化的趋势。大洋洲、非洲和中东在该阶段是韩国投资量较小的地区，说明韩国的海外投资企业具有显著的地区选择性（图 4–27）。

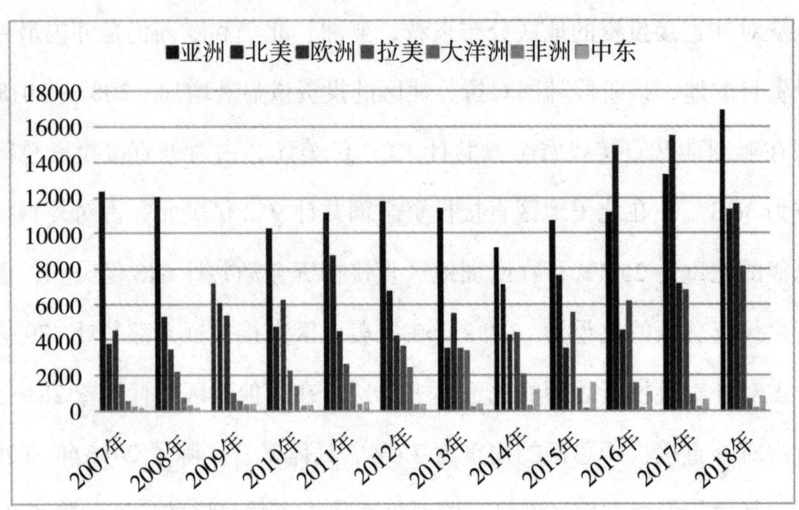

图4-27　2007—2018年韩国对外直接投资的地区分布

数据来源：韩国进出口银行。

第5章
中美日韩对外直接投资的阶段定位

5.1 中国对外直接投资的阶段定位

在分析了中国对外直接投资的发展史之后，需要明确中国对外直接投资所处的周期和阶段，进而为中国对外直接投资的进一步发展提供理论支持。邓宁等人的对外直接投资周期理论为研究该问题提供了理论支撑，尽管该理论同时研究了流入量和流出量以及净额，但是研究目的是解释经济体的企业逐步“走出去”开展对外投资的过程，它强调的是“流出”[①]，同时它也分析了对外直接投资的动态过程。因此可以说对外直接投资周期理论模型是分析对外直接投资增长趋势和对对外直接投资进行阶段定位的有力工具。

根据有关统计显示，2015—2017 年中国连续三年对外直接投资流量超过实际利用外资量（图 5–1）。其中 2015 年中国对外直接投资和外商直接投资流量分别为 1456.7 亿美元和 1356 亿美元，对外直接投资首次超过外商直接投资，净对外直接投资开始为正。按照邓宁的 IDP 理论，当一国净对外直接投资由负值转为正值时，说明该国进入了投资发展周期的第四阶段（表 5–1）。因此根据我国对外直接投资的变化可以断定中国的投资周期第三、第四阶段的分界年份为 2015 年，中国对外直接投资已经进入了第四阶段。1982—2018 年中国的对外直接投资路径总体上呈现出 U 型走势（图 5–2），并且中国对外直接投资已经进入了第四阶段，这有利于认识我国对外直接投

① 赵晓笛：《发展中国家国际直接投资发展之路——投资发展周期理论述评》，《中国流通经济》，2007 年第 8 期。

资发展趋势。在对外直接投资周期模型中，前两个阶段皆处在净对外直接投资为负值阶段并且仍在降低，较难判断两阶段的分界点。邓宁（1981）制定的标准参考价值已经不大，联合国贸发会议制定了较新的判断标准，两者差异相当大。本书将分别运用这两个标准对应的人均 GDP 对相关国家的阶段定位进行分析[①]。

表5-1　对外投资发展阶段的标准划分　　　单位：美元

对外投资阶段标准	第一阶段（NOI<0）	第二阶段（NOI<0）	第三阶段（NOI>0）	第四阶段（NOI>0）	第五阶段（NOI><0）
邓宁标准（1981）	PGNP <400	400≤PGNP ≤1500	2000≤PGNP ≤5000	PGNP≥5000	
联合国贸发会议标准（2006）	PGDP ≤2500	2500<PGDP ≤10000	10000<PGDP ≤25000	25000<PGDP ≤36000	PGDP> 36000

数据来源：邓宁的相关文献和联合国贸发会议相关报告。

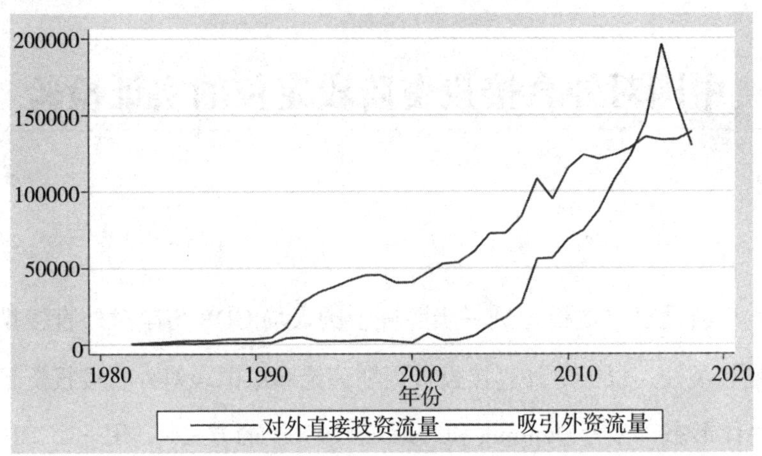

图5-1　1982—2018年中国对外直接投资流量和吸引外资流量

数据来源：联合国贸发会议（UNCTAD）。

① 邓宁的对外直接投资周期理论认为一个经济体的净对外直接投资发展是该经济体经济发展程度的函数，邓宁使用人均 GNP 表示经济发展程度，考虑到数据的统一性和便利性，本书使用人均 GDP 来表示经济发展程度。

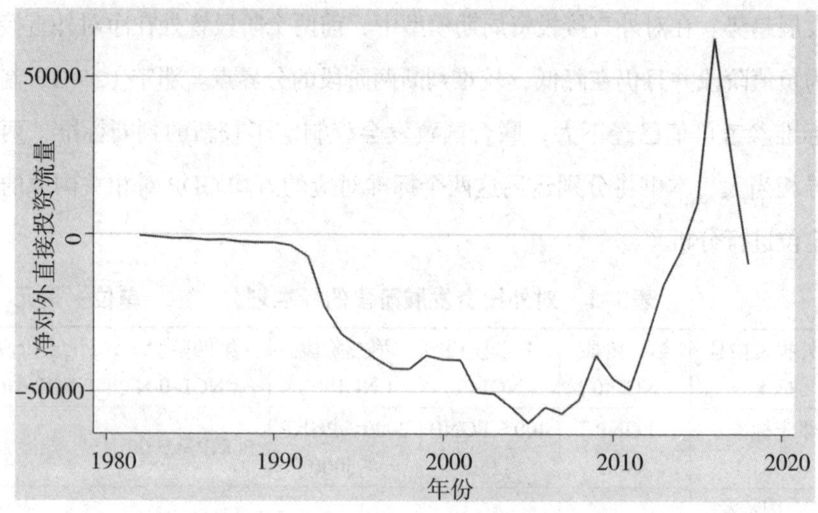

图5-2　1982—2018年中国净对外直接投资流量趋势

数据来源：联合国贸发会议（UNCTAD）。

5.2　中国对外直接投资阶段定位的实证检验

本节将通过构建模型进一步明确中国人均 GDP 与净对外直接投资的非线性相关性。根据对外直接投资周期理论和中国净对外直接投资呈现的 U 型总体形态，参考 Dunning 和 Narula（1996）的方法[①]，用一个二次函数方程来描述对外直接投资发展路径曲线，建立以下计量模型：

① John.H.Dunning，Narula，R.：The Investment Development Path Revisited：Some Emerging Issues ，Foreign Direct Investment and Government：Catalysts for Economic Restructuring. London：Routledge，1996.

$$NOI_t = \beta_0 + \beta_1 pgdp_t + \beta_2 pgdp_t^2 + \varepsilon_t \quad (1)$$

其中，NOI_t 表示在 t 年中国的净对外直接投资流量①，$pgdp_t$ 表示在 t 年中国的人均国内生产总值，$pgdp^2_t$ 表示在 t 年中国的人均国民生产总值的 2 次幂，ε_t 表示随机误差项，β 为待估参数。

由于对外直接投资数据在统计上具有复杂性，各个国家的标准不完全一致，因此为统一标准，进而保证数据的连贯性、一致性，本书采用联合国贸发会议（UNCTAD）网站中的中国对外直接投资和实际吸引外资数据；人口数据和国内生产总值数据来源于历年《中国统计年鉴》，其中国内生产总值按照当年汇率折算成美元。

在回归分析之前，可以先做 *NOI* 流量和 *pgdp* 的散点拟合图，结果如图 5–3 所示，散点呈现显著的 U 型形态，为保证结果的可靠性，本书又分别作了人均 *NOI* 流量、*NOI* 存量和人均 *NOI* 存量对 *pgdp* 的散点拟合图（如图 5–4~ 图 5–6），结果发现都呈现显著的 U 型形态。

通过采用 stata14.0 对模型进行估计，结果如表 5–2 中模型（1）所示，*pgdp* 的系数在 1% 的显著性水平下显著，系数的符号为负，说明了 *pgdp* 一次项与 *NOI* 的负相关关系；*pgdp* 的二次项的系数在 1% 的显著性水平下显著，系数的符号为正，说明了 *pgdp* 二次项与 *NOI* 的正相关关系。结合这两个变量的估计系数结果可以看出，*NOI* 和 *pgdp* 呈现出显著的 U 型关系。模型的 F 值为 17.64，并且在 1% 的显著性水平下显著，说明该模型设置合理。模型的拟合优度（R^2）为 0.509，表示 *pgdp* 及其二次项能够解释因变量 50.9% 的变异性，估计结果较为良好。通过回归结果可以发现，中国的净对外直接投资发展周期呈现 U 型，符合 IDP 理论。为获得我国对外直接投资第二阶段和第三阶段的拐点，利用估计的参数并通过

① 即同年度对外直接投资量与实际利用外资量之差。

Mathematica 6 软件计算求得当 *pgdp* 为 3812 美元时，*NOI* 达到最小值，即对外直接投资出现拐点，由第二阶段向第三阶段转变。中国人均国内生产总值为 3812 美元对应的年份大致在 2008—2009 年，说明在 2008—2009 年中国对外直接投资进入了新的阶段。

为保证估计结果的稳健性，本书用人均净对外直接投资流量（PNOI）替代净对外直接投资流量（NOI），重新对模型进行了估计，结果如表 5-2 中的模型（2）所示，*pgdp* 的系数在 1% 的显著性水平下显著，系数的符号为负，说明了 *pgdp* 一次项与 PNOI 的负相关关系；*pgdp* 的二次项的系数在 1% 的显著性水平下显著，系数的符号为正，说明了 *pgdp* 二次项与 PNOI 的正相关关系。结合这两个变量的估计系数结果可以看出，PNOI 和 *pgdp* 同样呈现出显著的 U 型关系。模型的 F 值为 16.30，并且在 1% 的显著性水平下显著，说明该模型设置合理。模型的拟合优度（R^2）为 0.489，表示 *pgdp* 及其二次项能够解释因变量 48.9% 的变异性，估计结果同样较为良好。通过回归结果可以发现，中国的人均净对外直接投资发展周期也呈现 U 型，符合 IDP 理论。本书通过相同的办法计算出人均净对外直接投资（PNOI）第二阶段和第三阶段的拐点值为 3786 美元，略低于净对外直接投资第二阶段和第三阶段处的拐点值（3812 美元），但是所处年份基本一致，都为 2008—2009 年。

在考虑到投资有流量和存量之别后，本书又把净对外直接投资存量（SNOI）和人均净对外直接投资存量（SPNOI）分别作为被解释变量对模型重新进行了估计①，估计结果如表5-2模型（3）和模型（4）所示，这两个模型结果都符合 IDP 理论，进而进一步证明中国对外直接投资呈现出 U

①直接投资存量数据同样来自于联合国贸发会议（UNCTAD）网站。

型发展形态。净对外直接投资存量（SNOI）和人均净对外直接投资存量（SPNOI）的拐点分别出现在人均 4155 美元和 4081 美元值处，而两个值对应的年份皆为 2009—2010 年。

表5-2　中国对外直接投资周期基准模型估计结果

变量	流量		存量	
	模型（1）	模型（2）	模型（3）	模型（4）
	净对外直接投资（NOI）	人均净对外直接投资（PNOI）	净对外直接投资（SNOI）	人均净对外直接投资（SPNOI）
pgdp	−21.81*** （4.576）	−0.016*** （0.003）	−165.541*** (15.374)	−0.1199** (0.011)
$pgdp^2$	0.0028*** （0.0005）	2.13e−06*** （4.06e−07）	0.0199*** （0.0017）	0.000014*** (1.26e−06)
常数项	−10661* （5414）	−8.217* （4.202）	19804 (18190)	12.424 (13.028)
*F*值	17.64	16.30	64.71	69.32
R^2	0.509	0.489	0.79	0.803
调整R^2	0.480	0.459	0.77	0.791
曲线类型	U型	U型	U型	U型
是否符合IDP理论	是	是	是	是
拐点处*pgdp*值	3812	3786	4155	4081
拐点出现年份	2008—2009年	2008—2009年	2009—2010年	2009—2010年
观测值	37	37	37	37

注：括号内为标准误，***、**、* 分别表示在 1%、5% 和 10% 水平下显著。

为保证回归结果的稳健性，提高模型的可靠性，本书把一些控制变量加入模型之中，主要包括对外开放程度、人力资本、劳动力水平和汇率变化等（表 5–3）。其中对外开放程度用进出口商品总额占 GDP 的比重来表示，符号为 op；人力资本水平用专利申请量表示，符号为 re；劳动力水平用劳动就业人数表示，符号为 la；汇率用 1 美元表示的人民币数量表示，符号为 er。这四个变量的数据来源于世界银行数据库。

表5–3　中国对外直接投资周期模型估计结果

变量	流量		存量	
	模型（1）	模型（2）	模型（3）	模型（4）
	净对外直接投资（NOI）	人均净对外直接投资（PNOI）	净对外直接投资（SNOI）	人均净对外直接投资（SPNOI）
pgdp	–8.96* （4.453）	–0.006* （0.003）	–158.74*** (27.358)	–0.1154*** (0.0213)
$pgdp^2$	0.0021*** （0.0007）	1.48e–06** （6.11e–07）	0.009** （0.004）	9.48e–06*** （3.36e–06）
op	9.91*** （2.74）	0.931*** （0.239）	16.22 （16.84）	0.418 （1.314）
re	0.223*** （0.034）	0.0001*** （0.00003）	0.634*** （0.211）	0.003* （0.001）
la	0.0001 （0.0001）	1.62e–07* （9.25e–08）	0.0001 （0.0006）	1.17e–08 （5.08e–07）
er	–88.35*** （23.52）	–0.07*** （0.02）	–82.02 （144.52）	–7.235 （11.279）
常数项	–36874 （51971）	–47.93 （45.33）	12691 （31924）	26.27 （249.15）
*F*值	42.03	30.80	28.19	24.53
R^2	0.894	0.860	0.849	0.831
调整R^2	0.872	0.832	0.819	0.797
D.W.值	1.77	1.84	1.73	1.65
曲线类型	U型	U型	U型	U型

续表

变量	流量		存量	
	模型（1）	模型（2）	模型（3）	模型（4）
	净对外直接投资（NOI）	人均净对外直接投资（PNOI）	净对外直接投资（SNOI）	人均净对外直接投资（SPNOI）
是否符合IDP理论	是	是	是	是
观测值	37	37	37	37

注：括号内为标准误差，***、**、* 分别表示在 1%、5% 和 10% 水平下显著。

由模型的估计结果可知，在加入控制变量后，对外直接投资的流量和存量都仍然与经济发展水平呈现 U 型形态，仍然符合邓宁等人提出的对外直接投资周期理论，这表明估计结果具有稳健性和可靠性。加入控制变量后，模型解释力得到提高，并且模型仍然不存在一阶序列自相关。由回归结果可知，开放程度越高，越有利于推动对外直接投资流量的发展，而对净对外直接投资存量的影响虽然为正，但结果不显著。国家开放度越高，吸引外资的机会就越多，同时有利于学习先进技术，提高本国企业的所有权优势，进而增加对外直接投资；人力资本对净对外直接投资的流量和存量都具有显著的正向影响，吸引外资并不能直接吸收到外国的先进技术，获得外商的所有权优势溢出，即东道国吸收技术能力存在“门槛”，在吸收能力研究中，大多数学者认为东道国的人力资本对吸收能力起到关键的正向作用。劳动力因素在该模型中对净对外直接投资流量和存量的影响都为正值，但是仅对人均净对外直接投资的影响具有显著性，对其他被解释变量的影响不具有显著性。汇率对净对外直接投资流量具有显著的负向影响，而对净对外直接投资存量的影响虽然为负，但不具有显著性。人民币贬值不利于中国对外直接投资的发展，因为这意味着中国企业到境外投资建厂需要消耗更多的成本。

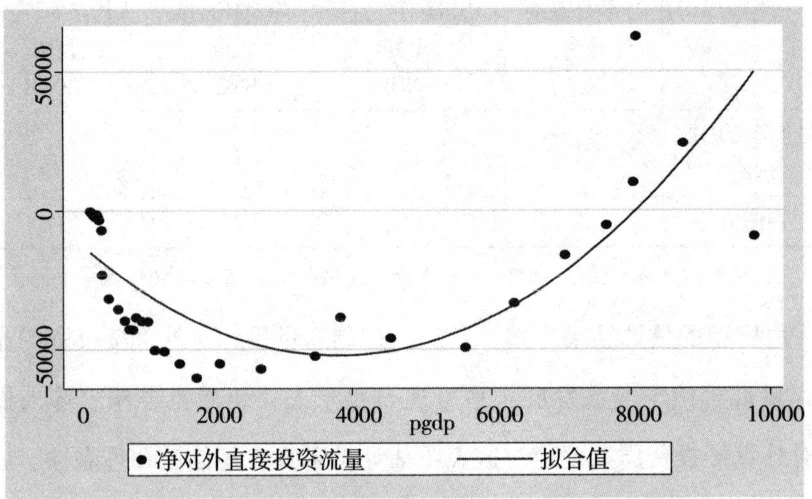

图5-3 净对外直接投资流量与人均GDP的散点拟合图

数据来源：联合国贸发会议（UNCTAD）。

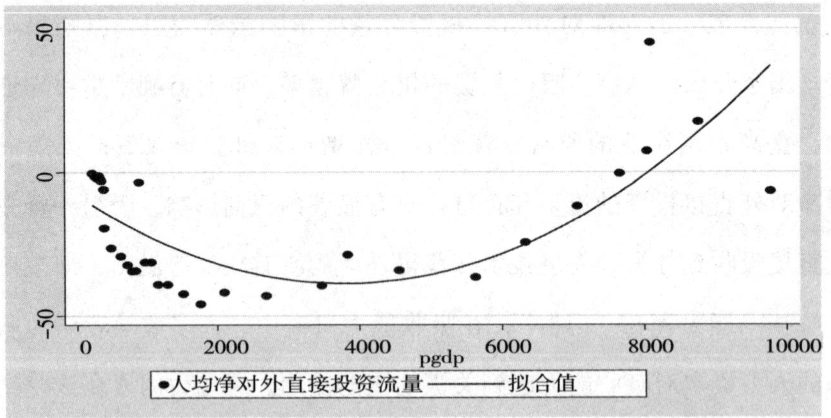

图5-4 人均净对外直接投资流量与人均GDP的散点拟合图

数据来源：联合国贸发会议（UNCTAD）。

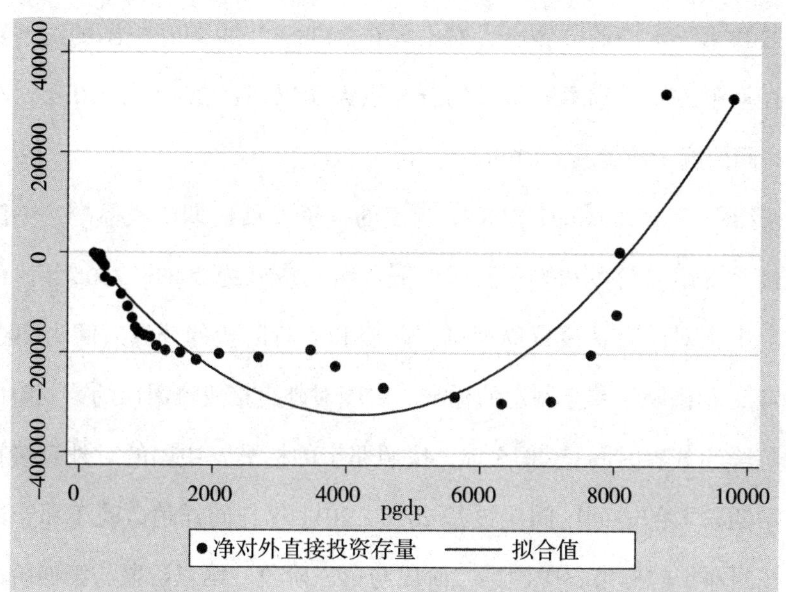

图5-5　净对外直接投资存量与人均GDP的散点拟合图

数据来源：联合国贸发会议（UNCTAD）。

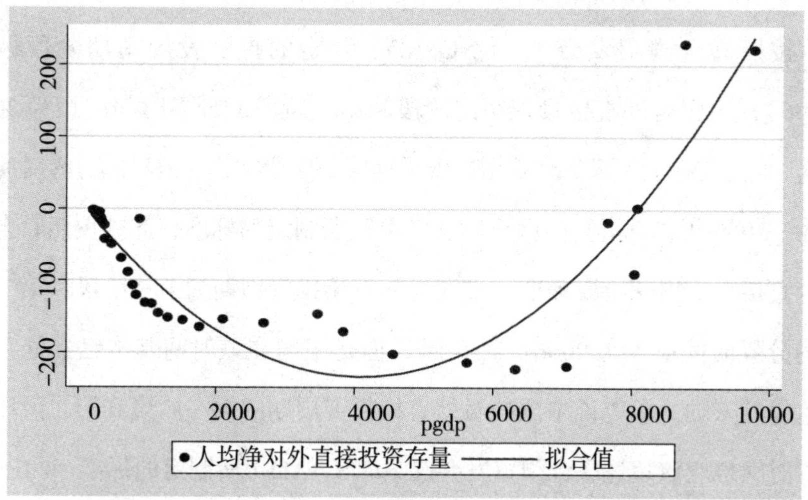

图5-6　人均净对外直接投资存量与人均GDP的散点拟合图

数据来源：联合国贸发会议（UNCTAD）。

通过对模型估计结果的分析可以发现：中国的对外直接投资发展趋势符合邓宁等人提出的对外直接投资周期理论；中国的对外直接投资流量第

二阶段和第三阶段的分界点大概出现在 2008—2009 年；中国的对外直接投资存量第二阶段和第三阶段的分界点大概出现在 2009—2010 年，存量拐点时间要晚于流量拐点时间。

按照邓宁（Dunning，1981）制定的投资发展周期阶段标准，中国对外直接投资第二阶段和第三阶段的分界时间应该为 2004—2005 年。但是实际上中国对外直接投资周期第二阶段和第三阶段的分界时间为 2008—2009 年，稍微晚于邓宁制定的标准。中国对外直接投资周期的第三阶段和第四阶段的分界时间是 2015 年，按照邓宁的标准，中国的对外直接投资进入第四阶段的时间区间应该是 2010—2011 年，同样稍微晚于邓宁的标准。按照邓宁的标准，中国第二阶段与第三阶段、第三阶段与第四阶段的分界点大约都晚 4~5 年，因此，我们可以推断中国对外直接投资第一阶段和第二阶段的分界时间应该是 1997—1999 年。

按照联合国贸发会议（UNCTAD）制定的投资发展周期阶段标准（2006），中国对外直接投资第二阶段和第三阶段的分界时间应该为 2019 年[①]。但是实际上中国对外直接投资周期第二阶段和第三阶段的分界时间为 2008—2009 年，远远超前联合国贸发会议所制定的标准，此外按照联合国对外直接投资周期阶段标准，中国对外直接投资周期的第一阶段和第二阶段的分界时间应该为 2006—2007 年，但是中国在该时间基本已经处于第二阶段的末端，所以说中国的对外直接投资周期的第一阶段和第二阶段的分界时间也应该超过联合国贸发会议（UNCTAD）所制定的标准。2015 年中国已经进入了对外直接投资周期的第四阶段，该年度中国的人均 GDP 为 8033 美元，也远远低于联合国贸发会议所制定的标准（25000 美元）。

① 2019 年中国人均 GDP 突破 1 万美元。

5.3　中国对外直接投资阶段特征的进一步分析

根据上述回归结果以及邓宁对外直接投资周期理论并结合中国对外直接投资发展史，本书重新对中国对外直接投资发展各阶段进行了划分，主要有三个时间点，分别是 1998 年、2009 年和 2015 年[①]，1998 年之前被称为对外直接投资的第一阶段，主要包括本书第三章划分的萌芽阶段（1949—1978 年）、起步探索阶段（1979—1991 年）、调整阶段（1992—1998 年）的部分年份；1999—2009 年是对外直接投资周期的第二个阶段，主要包括调整阶段后半段（1999—2001 年）、深入发展阶段（2002—2007 年）、进一步发展阶段前半期（2008—2009 年），2010—2015 年是对外直接投资周期的第三个阶段，包括进一步发展阶段后半段（2010—2012 年）和健康规范发展阶段（2013—2014 年），2015 年至今是对外直接投资周期的第四阶段，也是我国对外直接投资健康规范发展阶段。

邓宁（1981）认为第一阶段是经济体对外直接投资发展的初始阶段，在该阶段经济体的对外直接投资额和吸引外资的能力很小，净对外直接投

① 根据邓宁对投资周期阶段标准的划分，通过推算，认定中国对外直接投资周期第一阶段在 1997—1999 年，这里选择中间年份 1998 年作为分界时间点。第二阶段和第三阶段的分界年份为 2008—2009 年，这里选择 2009 年作为分界时间点。第三阶段和第四阶段的分界点为 2015 年。

资额为零或是接近零的负数。具体来看，一方面，经济体一般处在经济发展的初级阶段，人均 GDP 很低，国内市场有效需求不足，资产效率低，经济体制和政策有缺陷，基础设施落后，劳动力素质不高，导致经济体区位优势不足，几乎很难吸引到外商直接投资，只有少量采取进出口贸易或与本土企业开展非股份制合作的方式进入该市场的外国企业；另一方面，由于经济和科技水平的落后，导致本土企业基本上没有技术积累，无法形成所有权优势，因而企业无法进行对外直接投资，即使存在一些有所有权优势的本土企业，通常也是农业和矿产等初级产品的企业，并且是在政府保护幼稚产业的政策下存在的。因缺少内部化优势和所有权优势，本土企业缺少与外国企业合资的条件，更无力对外投资。

在对外直接投资周期的第一阶段（1998 年之前），中国经济水平较低，人均 GDP 在该阶段未突破 1000 美元，对外直接投资从量上来看，无论是对外直接投资流量还是存量都比较低，投资规模小，增长率也低于实际利用外资量。正如邓宁（1981）所认为的在第一阶段的国家经济体制和政策仍然有缺陷，我国在该阶段虽然已经明确提出要构建社会主义市场经济体制，但是多年的计划经济体制依然存在着影响，在计划经济体制下，企业之间的联系不是市场指引的结果，而是依靠行政干预配置资源，影响市场机制发挥作用。从政策上看，缺乏更加完善的对外直接投资政策和行业规划，另外在外汇问题上，严格的外汇管理制度，复杂、冗长的外汇投资审批过程同样也制约了企业“走出去”。在这个时间段内，中国的企业自主创新能力有限，没有技术积累，企业不具有所有权优势，有些竞争力较强的企业也往往是劳动密集型和农矿业等初级产品的企业，具体来看，该阶段无论是对外直接投资流量还是存量都比较低，投资规模小，发展具有一定的波动性；从投资主体性质来看，都是具有一定所有权优势的国有企业，如中国银行、中石油等，它们是对外直接投资的主力军；从行业分布角度来看，由餐饮等服务业和建筑业逐渐扩展至制造业、采矿业等。

邓宁（1981）认为处在对外直接投资第二阶段上的经济体，总体上看经济水平仍然较低，但人均GDP有所增长，外商直接投资的规模增大、速度加快，对外直接投资开始增加，但是增长速度低于外商直接投资的增长速度，净对外直接投资额仍为负值并且差额继续增加。具体来看，随着经济的发展，国内市场逐渐成长，有效消费需求增多，交通通讯等基础设施更加完善，劳动力素质得到提高，使得经济体的区位优势增加，外国企业凭借着技术、品牌等无形资产所形成的所有权优势，与该地区的区位优势相结合，形成对该地区的大规模直接投资；处在该阶段的国家和地区政府制定相关的政策为企业积累自主产权创造了条件，企业生产开始向半熟练技术和中等知识密集型的产业发展，本土企业的所有权优势开始增加。该阶段企业对外直接投资通常采取两种形式：一是到相邻国家和地区进行以资源、市场寻求为动机的直接投资或与贸易相关的直接投资，一般展开直接投资的经济体发展水平要高于东道国，使资本得以输出；二是到发达国家和地区以获得战略性资产为目的的直接投资，一般展开直接投资的经济体发展水平要低于东道国，因此产生并购战略性资产的目的。值得注意的是，在该阶段，经济体对外直接投资的规模和国家或地区政府的“推动力”力度相关，例如技术开发、出口补贴、并购鼓励等政策的执行情况，政府的政策对本土企业内部化优势的形成具有重要影响。

在对外直接投资周期的第二阶段（1999—2009年），中国的经济发展水平有了一定程度的提高，人均GDP从1999年的873美元增加到了2009

年的3832美元，中国社会主义市场经济体制更加完善，国内购买力持续增加和市场规模不断扩大，使得中国区位优势愈加明显，吸引外资的能力不断增强。而在对外直接投资方面，政府积极鼓励企业"走出去"，例如，中央提出了"走出去"战略和加入世界贸易组织等。该阶段的中国对外投资行业主要集中于采矿业、批发和零售业、商务服务业、交通运输仓储业等行业。采矿业是该阶段中国最主要的对外直接投资行业，例如，2003—2007年其对外直接投资量共计174.6亿美元；商贸服务业是中国第二大对外直接投资行业，2003—2007年其对外直接投资量共计161亿美元。由此可知，该阶段中国对外直接投资仍然主要以资源、市场寻求型为主。亚洲地区是该阶段中国对外直接投资的主要目的地。例如，2003—2007年中国在亚洲的对外直接投资共计319.1亿美元，占对外直接投资总额的比重为50.6%。在该阶段中国对外直接投资企业在亚洲主要采用以寻求资源、市场为目的的直接投资和到发达国家寻求战略资产为目的的直接投资两种方式。在该阶段中国对外直接投资增长率虽然较高，但是仍然低于吸引外资的增长率，并且绝对量的差距仍在扩大。

邓宁（1981）认为，在对外直接投资周期的第三阶段，外商直接投资和对外直接投资速度都在增加，但是对外直接投资的增长速度要高于外商直接投资的增速，因此尽管净对外直接投资额仍为负值，但是其已经转入正增长。具体来看，处在对外直接投资周期第三阶段的经济体，其生产力水平和管理能力已基本接轨国际标准，国内企业资金、劳动力、技术和管理所有权优势增强。同时，随着国内居民收入水平的大幅提高，消费者对高档商品的需求快速增加，导致外资企业的所有权优势发生变化，其更加注重输入新技术，并转向高技术、高附加值的技术密集型行业的生产。另外，随着东道国增加对教育、职业技能培训等的投入，为外商直接投资企业所有权优势的更新创造了条件。外商直接投资企业通过新技术、营销与管理的所有权优势，立足于拥有无形知识产权，以跨境的金字塔式管理结构来开发无形资产。此外，在经济体区位优势不断加强的条件下，本土企业向资本和技术密集型转化也使得外商直接投资企业的投资目的由进口替代型生产变为效益追求型生产。

经济体本土企业的所有权优势发生改变，它们对政府保护性措施的依赖程度降低，它们通过开展跨国经营，学习了外资企业先进的管理经验。这些企业除了最顶尖的高新技术领域之外，其具有的所有权优势已经和发达国家的企业基本一致，它们对处在对外直接投资周期第一阶段和第二阶段国家的直接投资，既有市场寻求型投资，也有贸易替代型直接投资；它们对外直接投资的目的地也会选择处在对外直接投资周期第三阶段和第四阶段的国家和地区，具有市场寻求型动机和获取战略资产的目的，从而维持或提升企业的所有权优势。在该阶段，政府仍然支持外资企业投资在本土企业所有权优势较弱的行业，同时鼓励具有所有权优势和内部化优势的本土企业开展对外直接投资。在此阶段，经济体要进一步发展，需要进行产业结构的优化升级，转移如劳动密集型行业等衰退行业到国外。

在对外直接投资周期的第三阶段（2010—2015 年），中国经济进入“新常态”，经济增速虽然有所下降，但是增长规模依然可观，人均 GDP 从 4550 美元增加到 8033 美元。随着收入的增加，中国消费者对商品的质量有了更高的要求，消费结构实现升级，这推动了中国企业生产能力持续提高。随着工资水平的上升，“人口红利”消失，中国劳动密集型产业开始向国外转移或者转型升级。该阶段中央提出了创新驱动发展战略，推动中国企业不断提高自主创新能力，增强企业的竞争力。具有了一定优势的企业也渴求扩展海外市场，充分利用国内、国际两个市场，两种资源，因此在该阶段，更多的企业“走了出去”。另外，在该阶段中国企业竞争力增强后，使得外资企业的所有权优势开始失去，这对外资企业的增加具有一定的消极影响，因此尽管中国对外直接投资在绝对量上还落后于吸引外资量，但是对外直接投资量的增长速度已经高于吸引外资的增长速度。从对外直接投资的地区分布来看，亚洲、拉美和欧洲地区是该阶段中国对外直接投资最主要的三大区域，并且在亚洲地区的直接投资比重进一步提高。从对外直接投资的行业分布来看，商务服务业、采矿业、批发和零售业、金融业和制造业是该阶段我国对外直接投资的主要行业部门。中国企业在所有权优势增强后，向亚洲、拉美等地区处在第二、三阶段的国家和地区投资如商贸服务业等市场寻求型和制造业等劳动密集型行业，也在北美、欧洲建立具有战略寻求型企业。

邓宁（1981）认为，对外直接投资周期进入第四阶段，对外直接投资额高于外商直接投资额，并且对外直接投资的增长速度快于外商直接投资增长速度，净对外直接投资数值为正，并且不断增大。处在该阶段的经济体，其区位优势来自自主创新能力。本土企业不仅可以与在母国具有竞争优势的外资企业在国内展开竞争，同时还可以打入国外市场。流入这些经济体的外商直接投资主要为处在较高阶段国家和地区的资产寻求型的直接投资，具有后续性的、追求合理化投资的性质，这些企业的所有权优势是交易性的而非资产性的。另外，也存在一些来自较低发展阶段国家和地区的直接投资，这类直接投资的动机通常是市场寻求型、有关贸易和战略资产寻求型。对外直接投资持续增加，一方面是为了保持竞争优势，把正失去竞争力的企业转移到较低发展水平的国家和地区，另一方面是为了规避外国设置的贸易壁垒。为获取所有权优势和利益，企业具有市场内部化倾向。由于同在该阶段经济体的企业具有相同或相似的所有权优势，这强化了行业内部的组织生产，发挥了跨国公司组织行业内部生产和贸易的作用。该阶段政府的角色也出现转变，在发挥弥补市场缺陷、创建有利于公平竞争的规章制度的同时，要推动产业结构调整、技术结构升级，培育新产业，退出夕阳产业，减少交易成本。在该阶段，国家之间由于处于相同的资源和产能结构而面对激烈的国际竞争，因此政府在政策制定上应该采取一种战略性的姿态应对。

在对外直接投资周期的第四阶段（2016 年至今），中国净对外直接投资连续两年为正。在此阶段，党中央采取了更加战略性的姿态积极推动“一带一路”倡议的实施，中国的对外直接投资重点流向“一带一路”沿线的国家和地区。例如，2015 年中国在“一带一路”沿线国家和地区的投资量达到 189.3 亿美元，占该年度对外直接投资的比重为 13%，成为 2015 以来在“一带一路”沿线国家和地区投资比重最高的年份；2017 年有将近三千家境内投资者在“一带一路”沿线的五十七个国家和地区进行直接投资 201.7 亿美元，占同期中国对外直接投资流量的 12.7%。另外在该阶段，中国面对的国际形势更加复杂，逆全球化浪潮、中美贸易战等的兴起直接影响了中国的对外直接投资，这也导致中国进入对外直接投资的第四阶段的局面并不稳固，如 2018 年中国对外直接投资流量低于实际利用外资量。但从另一角度看，也说明中国的对外直接投资正在回归理性发展，进入持续健康的发展阶段。

5.4 美日韩对外直接投资阶段定位的实证检验

美日韩三国的对外直接投资是否符合邓宁的对外直接投资周期理论，本部分将采用实证分析的方法对其进行检验（方法与中国对外直接投资周期实证检验过程相同）。被解释变量为净对外直接投资（*NOI*）流量，其数据来源于联合国贸发会议（UNCTAD）网站中的美国、日本和韩国对应的对外直接投资流量和实际吸引外资流量数据。解释变量为人均国内生产总值（*pgdp*），其中国内生产总值和人口数据来源于世界银行数据库网站。

在回归分析之前，同样可以先做 *NOI* 流量和 *pgdp* 的散点拟合图，结果如图 5–7~ 图 5–9 所示。由图 5–7 可知，美国净对外直接投资流量变化具有一定的周期性，但是与邓宁所描述的对外直接投资周期理论有所不同，总体上呈现出倒 U 型的形态。由图 5–8 可知，日本的净对外直接投资形态与邓宁的理论完全不相符，日本的净对外直接投资在绝大部分人均 GDP 上都是正值。由图 5–9 可知，韩国的净对外直接投资流量总体上呈现出与邓宁所描述的对外直接投资周期理论相同的形态。

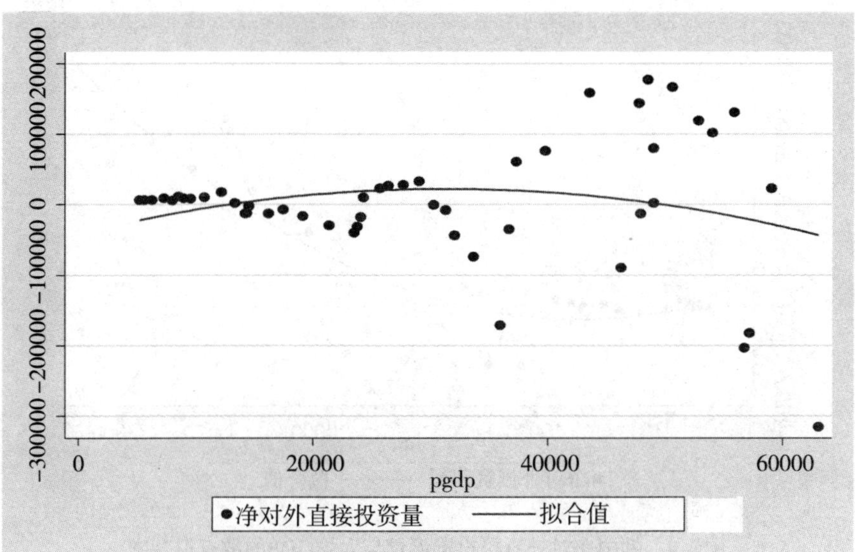

图5-7　美国净对外直接投资流量与人均GDP的散点拟合图

数据来源：联合国贸发会议（UNCTAD）。

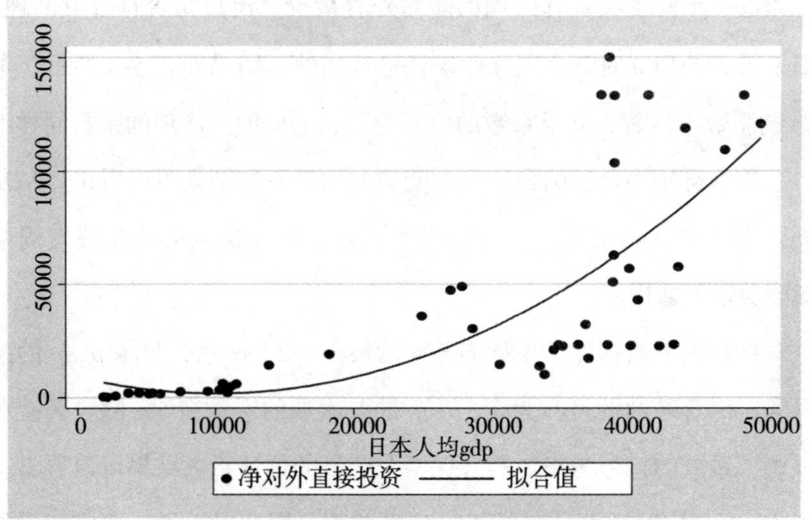

图5-8　日本净对外直接投资流量与人均GDP的散点拟合图

数据来源：联合国贸发会议（UNCTAD）。

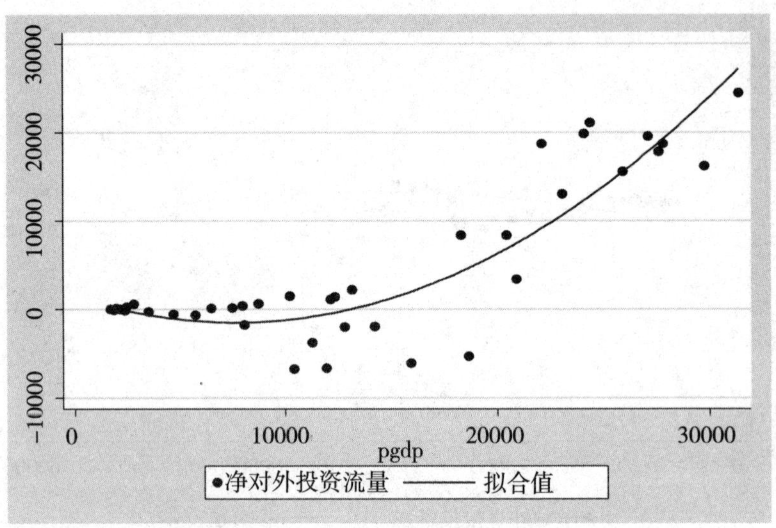

图5-9 韩国净对外直接投资流量与人均GDP的散点拟合图

数据来源：联合国贸发会议（UNCTAD）。

为进一步验证美日韩三国的净对外直接投资流量是否符合 IDP 理论，本书采用 stata14.0 对三个国家的模型进行估计，结果如表 5-4 所示。美国 *pgdp* 的系数不显著，并且系数的符号为正；*pgdp* 的二次项的系数同样不显著，系数的符号为负。结合这两个变量的估计系数结果可以看出，*NOI* 和 *pgdp* 不具有显著的 U 型关系。因此可以说，邓宁的对外直接投资周期理论对于美国不适用。

对日本模型的估计结果如表 5-4 的模型（2）所示，日本 *pgdp* 的系数不显著，尽管系数的符号为正；*pgdp* 的二次项的系数在 5% 的显著性水平下显著，系数的符号为正。结合这两个变量的估计系数结果可以看出，日本 *NOI* 和 *pgdp* 同样不具有显著的 U 型关系。因此可以说，邓宁的对外直接投资周期理论对于日本同样不适用。

对韩国模型的估计结果如表 5-4 的模型（3）所示，*pgdp* 的系数在 5% 的显著性水平下显著，系数的符号为负，说明了 *pgdp* 一次项与 *NOI* 的负相关关系；*pgdp* 的二次项的系数在 1% 的显著性水平下显著，系数的符号为正，说明了 *pgdp* 二次项与 *NOI* 的正相关关系。结合这两个变量的估计系数结果可以看出，*NOI* 和 *pgdp* 呈现出显著的 U 型关系。模型的 *F* 值为 71.96，并且在 1% 的显著性水平下显著，说明该模型设置合理。模型的拟合优度（R^2）为 0.799，表示 *pgdp* 及其二次项能够解释因变量 79.9% 的变异性，估计结果较为良好。通过回归结果可以发现，韩国的净对外直接投资发展周期呈现 U 型，符合 IDP 理论。为获得韩国对外直接投资第二阶段和第三阶段的拐点，利用估计的参数并通过 Mathematica 6 软件计算求得，当 *pgdp* 为 7634 美元时 *NOI* 达到最小值，即对外直接投资出现拐点，由第二阶段向第三阶段转变。韩国人均国内生产总值为 7634 美元对应的年份大致在 1991—1992 年，说明在 1991—1992 年韩国对外直接投资进入了新的阶段。

表5–4　美日韩对外直接投资周期模型估计结果

变量	NOI流量		
	美国模型（1）	日本模型（2）	韩国模型（3）
pgdp	4.065 （3.413）	–1.451 (1.447)	–0.778** (0.293)
$pgdp^2$	–0.00006 （0.00005）	0.00007** （0.00002）	0.00005*** (9.32e–06)
常数项	–41518 （46013）	8951 (13467)	1445.5 (1820.2)
*F*值	0.79	26.67	71.96
R^2	0.032	0.53	0.799
调整R^2	0.03	0.51	0.788
曲线类型	倒U型	U型	U型
是否符合IDP理论	否	否	是
拐点处*pgdp*值			7634
拐点出现年份			1991—1992
观测值	49	49	39

注：括号内为标准误，***、**、* 分别表示在 1%、5% 和 10% 水平下显著。

5.5 美日韩对外直接投资阶段特征的进一步分析

邓宁等人的对外直接投资周期理论是从宏观角度探讨企业微观主体的经济行为，企业的行为受到多重因素的影响，而国内经济发展变化只是其中一方面。而本书在假定各国环境、经济规模相同的情况下，只探讨了投资行为受经济发展程度的影响而呈现的规律。具体来看，美国自“二战”后，经济发展程度遥遥领先于世界其他国家，同时“二战”未对美国本土造成影响，而像西欧等地区却遭受到严重打击，因此在“二战”后初期美国的企业可以大规模进行海外直接投资，而别的国家和地区却无法在美国进行直接投资；进入 20 世纪 70 年代后，随着西欧和日本经济的崛起，这些地区的企业开始大规模进军市场广阔、消费者丰富的美国市场，因此美国又出现了吸引外资量超过对外投资量的境况；进入 20 世纪 90 年代后，美国依靠高新技术产业实现了快速发展，对外投资发展也较快，与邓宁等人描述的对外直接投资周期的第五阶段较为相似。总之，从美国对外直接投资发展史角度可以阐释美国为什么不符合邓宁的投资周期理论。日本的对外直接投资完全不符合邓宁等人提出的对外投资周期理论，“二战”后日本在绝大多数年份的净对外直接投资为正值，并且正值呈现出不断扩大的趋势，说明日本自“二战”后就一直采取积极的外向型的发展战略，对外直接投资是其重要组成部分。日本作为一个岛国，资源极度匮乏，市场狭小，因此其吸引外资的能力不足，同时日本对外资采取排斥态度，吸引外资的欲望低，而对对外直接投资有着强烈的需求，特别是资源寻求型和市场寻求型的对外直接投资。日本的对外直接投资具有不同于英美等发达国家的特征，创造了对外直接投资的“日本模式”。邓宁等人的对外投资周期理论是以国际生产折中理论为基础的，该理论对日本的对外直接投资发展变迁史的解释力有限，这也导致对外直接投资周期理论不适用于日本。从经济史角度来看，“二战”后日本作为战败国，经济遭到毁灭性破坏，基本再无力进行对外直接投资，同时也没有吸引外资的能力。进入 20 世纪 70 年代后，日本经济实力增强，展开大规模的海外投资，同时采取一系列法规和政策限制外资的流入，因此出现净对外直接投资一直为正值的情况。进入 20 世纪 90 年代后，日本经济出现困难，导致日本更加需要进行对外直接投资，这也是其对外直接投资在进入 21 世纪后仍然大于吸引外资的原因之一。

由美国对外直接投资模型中的回归结果发现，美国对外直接投资的发展过程整体上不符合邓宁等人提出的对外直接投资周期理论。但是在 20 世纪 80 年代后，邓宁等人根据世界直接投资的变化发展了该理论，在第四阶段后增加了第五阶段。20 世纪 70 年代后，随着西欧、日本的崛起，这些国家和地区开始与美国在全球争夺外商投资；为获取战略性资产，提高企业效率，企业通过跨国并购和跨国联盟的方式加速国际化；跨国公司的所有权优势转为依靠创造性资产形成的优势而不是以往的依靠本国与自然资源相关的资产优势，相对于自然资源资产优势，创造性资产具有很强的流动性，能够通过跨国公司或跨国联盟实现转移。基于此，邓宁等人认为对外直接投资周期理论存在第五阶段，即这些国家既会因为所有权优势而对其他国家进行直接投资，也会因为具有创造性资产吸引到他国的投资，因此这一阶段的国家和地区对外直接投资和外商直接投资的水平大致相当，净对外直接投资额在零值附近波动。

具体来看，邓宁（1996）认为在对外直接投资周期的第五阶段，一个经济体的净对外直接投资先降低，而后又开始在零值附近震荡，同时存在着在规模大、效率高的资本进入和流出。相比较于前四个阶段，该阶段受到经济发展水平的影响程度迅速降低，以人均国民收入为指标衡量经济发展阶段已无法反映该阶段优势的变化，对外直接投资水平与收入水平的变动趋势不再保持一致。处在这一阶段的经济体可以依靠更多的资产优势在全球范围内进行资本运作，同时分享大部分资本流动和区位优势带来的利益。20 世界 90 年代后的美国对外直接投资就属于这个阶段（Dunning and Narula，1996）。

从 20 世纪 90 年代之后的美国对外直接投资发展历史可发现，美国的对外直接投资虽然仍旧处于世界前列，但其吸引外资量也巨大，并且其吸引外资主要依靠市场行为。这导致了美国净对外直接投资不再随着经济发展水平的变化而变化，而是呈现出与邓宁等人所描述的对外直接投资第五阶段的特征。由此可以看出，虽然美国的对外直接投资没有经历邓宁等人所描述的对外直接投资周期的前四个阶段，但是其现在却处在了对外直接投资周期理论所描述的第五阶段。

韩国的对外直接投资发展过程整体上符合邓宁等人描述的投资发展周期理论，韩国的净对外直接投资在跨越第四阶段后呈现出持续上扬的特点，与邓宁描述的第五阶段的发展特征出现差异。与日本相似，韩国同样也是国内资源贫乏、市场狭小，实行外向型的发展战略。因此韩国净对外直接投资为正的年份也较多。

第6章
结论与展望

6.1 主要结论

本书按照分阶段的方法论述了中美日韩等国家在“二战”后的对外直接投资发展史，其中中国的对外直接投资在新中国成立后经历了萌芽阶段（1949—1978年）、起步探索阶段（1979—1991年）、调整阶段（1992—2001年）、深入发展阶段（2002—2007年）、进一步发展阶段（2008—2012年）和健康规范发展阶段（2013年至今）。每个阶段的对外直接投资发展程度都与国家的政治、经济发展形势和国家对对外直接投资的政策有着密切的联系。在改革开放前，中国经济发展水平低，国内资本严重缺乏，同时与世界经济交流少，对对外直接投资采取高度限制政策，因此除了一些外贸公司外，中国在改革开放前几乎没有对外直接投资。1979—1991年是中国对外直接投资的起步探索阶段，中国国有企业开始改制，具有了一定的活力，政府对对外直接投资开始放松管制，一系列与对外直接投资相关的政策和法律法规也逐渐完善起来，因此在此阶段中国真正意义上的对外直接投资开始了。1992—2001年成为中国对外直接投资的调整阶段，由于经验相对不足，中国企业在该阶段出现了一些问题，因此该阶段前期政府对对外直接投资的政策趋紧。2001年中国加入世界贸易组织（WTO），并提出了“走出去”战略，中国企业参与全球竞争的程度进一步加深，趋紧的对外直接投资政策开始放宽，政府鼓励我国企业“走出去”，充分利用国内、国际两个市场，两种资源。2002—2007 年中国“走出去”战略的制度框架已基本构建完成，包括：对外直接投资审批程序简约化、外汇管制宽松化、财税金融保险扶持等，中国的对外直接投资迎来了深入发展阶段，年均增长率为 57.9%，呈现高速增长态势。2007 年我国对外直接投资存量首次突破 1000 亿美元，具有重要的历史意义。2008—2012 年是我国对外直接投资进一步发展阶段，2008 年由美国次贷危机引起的金融危机席卷全球，给世界经济的发展增加了不确定性，但是“危中有机”，在政府一系列支持鼓励政策的推动下，大部分企业顶住了经济萧条的压力，甚至有些央企凭借雄厚的经济实力抄底国际市场，加快了进行对外直接投资的进程。因此该阶段中国的对外直接投资流量从 559.1 亿美元增加到 878 亿美元，首次成为世界第三大对外直接投资国，投资领域和范围更加广阔。2013 年至今，中国的对外直接投资在快速增长的同时，出现了健康规范发展的趋势。2013 年我国对外直接投资流量首次突破 1000 亿美元，2015 年我国对外直接投资存量首次突破 1 万亿美元。2017 年中国对外直接投资流量首次出现负增长，对外直接投资回归理性。中国逐渐由适应国际投资环境转变为创造国际投资环境的角色。在该阶段，习近平总书记提出的“一带一路”倡议是引领中国对外直接投资进行战略调整的重要指南，有利于为我国对外直接投资创造更好的国际投资环境，有利于实现我国对外直接投资由数量的增加转向质量的提高。

“二战”后美国对外直接投资实现了快速发展，根据其发展规模、发展速度和发展政策的变化，本书将其分为战后初期发展阶段（1945—1970 年）、高速发展阶段（1971—1990 年）、大规模发展阶段（1991—2015 年）

和调整阶段（2016年至今）四个阶段。在战后初期发展阶段（1945—1970年），美国利用较好的国际环境，实现了对外直接投资的巨大发展，1950年对外直接投资存量已经突破100亿美元，1960年达到319亿美元，占全球总的对外直接投资存量的比例高达48.3%，几乎占据半壁江山。该阶段美国对外直接投资的平均增长速度高达9%，远超同期GDP增长速度，投资重心向发达国家转移，投资行业由矿业向制造业和服务业转移，以合资、合营以及非股权参与等形式的美国对外直接投资企业逐渐成为主流。从对外直接投资方式来看，绿地投资和收购成为该阶段美国对外直接投资的两种最主要的方式。美国政府通过制度保障类、财税金融保障类和信息技术援助等政策鼓励和支持美国企业的对外直接投资。

在高速发展阶段（1971—1990年），尽管在国内经济增长速度放缓，在国际上日本和西欧相继崛起，与美国竞争加剧，但是该阶段美国对外直接投资的规模仍比前一阶段有了进一步的提高。1973年美国对外直接投资流量首次突破100亿美元，1975年的对外直接投资存量超过了1000亿美元，始终保持着对外直接投资世界第一大国的地位。该阶段美国的对外直接投资的平均增长速度为12.3%，成为“二战”后美国对外直接投资史上平均增长速度最快的一个阶段。美国对发达国家和地区的对外直接投资比重继续呈现上升趋势，1970年超过六成，1975—1989年都超过七成，而对发展中国家和地区的对外直接投资比重呈现下降趋势。该阶段美国的制造业对外直接投资比重趋于稳定，占四成左右，而服务业对外直接投资比重呈现出上升趋势，到本阶段末期服务业对外直接投资的比重与制造业对外直接投资的比重趋于一致。在该阶段海外子公司的利润再投资占资本来源的比重越来越大，逐渐超越母公司的股权投资和跨国企业资本的内部流动两种方式成为资本来源的最主要方式。海外私人投资公司的成立推动了美国的对外直接投资。美国政府在该阶段运用金融、保险和外交等手段支持对外直接投资企业的发展。

在大规模发展阶段（1991—2015 年），美国经济既经历了高速增长的新经济时代，又遭遇了影响深远的 2008 年金融危机，经济增长起伏较大，但是美国的对外直接投资在该阶段仍实现了大幅增长，1991—2015 年美国对外直接投资流量由 326 亿美元增加到 2643 亿美元，增加了 7 倍多，其中在 1998 年美国的对外直接投资流量首次突破 1000 亿美元，远远高于其他国家和地区。从对外直接投资的存量来看，1991 年美国对外直接投资存量为 8275 亿美元，到 2015 年年末达到 60592 亿美元，增加了 6 倍多。1990 年美国对外直接投资流量占全球对外直接投资总量的 12.8%，1999 年这一比重攀升到 19.1%，2015 年增加到 37%。在该阶段服务业超越制造业成为美国对外直接投资最主要的投资行业，2008 年金融危机的出现并没有改变这种态势。

在调整阶段（2016 年至今），特朗普政府执政后，改变了鼓励和支持企业对外直接投资的传统政策，开始频繁干预和限制美国企业的对外直接投资，更加强调“美国优先”和经济主权，弱化投资争端解决机制，并通过采取“胡萝卜加大棒”的方式制约美国的对外直接投资。在这种背景下，美国对外直接投资流量和存量都出现了下降，2018 年美国对外直接投资存量为 5.95 万亿美元，比 2017 年减少了 600 亿美元。2016 年和 2017 年美国对外直接投资存量占全球总的直接投资存量的比重分别为 24.4% 和 25.3%，而 2018 年该比重下降到 20.9%。特朗普政府特别强调制造业的回归，2018 年美国制造业对外直接投资同比下降 33%，成为美国制造业对外直接投资史上最大的下降幅度。因为亚洲和太平洋地区、拉美地区是美国制造业对外直接投资的主要地区，在特朗普政府号召并采取威胁等手段迫使美国海外企业尤其是制造业企业回流时，必然导致该阶段亚洲和拉美地区的美国直接投资量出现大幅下降。

日本的对外直接投资具有较长的历史，特别是“二战”后随着日本经济的复苏，日本对外直接投资重新发展起来。按照日本对外直接投资的发展规模、增长速度、地区和行业分布的差异，将其划分为五个对外直接投资阶段：初始阶段（1945—1970 年）、快速发展阶段（1971—1980 年）、大规模发展阶段（1981—1990 年）、震荡发展阶段（1991—2010 年）和调整阶段（2010 年至今）。

在对外直接投资初始阶段（1945—1970 年），日本对外直接投资规模小；主要投资于矿业等行业部门；亚洲、北美是日本对外直接投资的主要目的地；该阶段由于日本企业力量弱小，日本政府在对外直接投资中发挥了主导作用。

在对外直接投资快速发展阶段（1971—1980 年），日本对外直接投资增长速度快，投资规模高于上一阶段；制造业对外直接投资比重上升，逐渐成为日本对外直接投资的重要部门；直接投资流向发达国家和地区的数量与发展中国家和地区的数量基本一致；该阶段中小型企业参与对外直接投资的热情日益高涨。

在对外直接投资大规模发展阶段（1981—1990 年），规模大是这一阶段日本对外直接投资的最大特点。该阶段日本一度成为世界上第一大对外直接投资国；北美超越亚洲成为该阶段日本对外直接投资最多的地区；日本对外直接投资中非制造业中上升最快的为金融、保险、房地产业和运输业，在制造业对外直接投资中，食品、纤维、木材、纸浆、化学等传统制造产业的比重进一步下降，而具有技术密集型的产业如精密机械、电气机械以及高精尖产业的对外直接投资的比重显著提高；日本对外直接投资的形式更加多元化，独资、并购、合资、合作的形式都被广泛应用，其中并购越来越成为主要形式。

在对外直接投资震荡发展阶段（1991—2010 年），随着泡沫经济的破灭，日本经济出现大幅下降，这导致日本的对外直接投资出现了回落并表现出震荡发展的特点；亚洲、欧洲和北美是日本对外直接投资的重点区域；制造业和非制造业都表现出震荡发展的特点，通信业、金融保险业、商业、服务业和房地产业是日本非制造业对外直接投资中最主要的五个行业。

在对外直接投资调整阶段（2011—2018 年），日本对外直接投资表现出稳定增长的特点；亚洲、欧洲和北美仍是日本对外直接投资的主要目的地，对中南美地区直接投资量在该阶段有了巨大增长，对非洲和大洋洲的投资比重进一步下降；该阶段日本的制造业比重低于非制造业，制造业和非制造业对外直接投资在该阶段都呈现出波动发展特征。

“二战”后韩国由落后国家发展成为发达国家堪称世界经济史上的奇迹，而这离不开韩国实行的外向型经济发展战略，作为该战略重要组成部分的对外直接投资在推动韩国经济发展中发挥了重要作用。按照韩国对外直接投资的发展规模、增长速度、地区和行业分布的差异，将其划分为五个对外直接投资阶段：初始阶段（1945—1980 年）、快速发展阶段（1981—1989 年）、大规模发展阶段（1990—1997 年）、波动发展阶段（1998—2006 年）和稳定发展阶段（2007 年至今）。

在对外直接投资初始阶段（1945—1980 年），韩国的对外直接投资规模小，投资项目少；投资行业主要集中于农业和渔业、矿业，制造业也有了一定程度的发展，商贸业、建筑业和房地产等对外直接投资也相继出现，韩国对外直接投资的行业体系初步建成；投资地区主要集中在亚洲和北美洲，其中亚洲比重最高，其次为北美洲，该阶段韩国在非洲的直接投资数量较大，成为仅次于亚洲和北美洲的地区。

在对外直接投资快速发展阶段（1981—1989 年），韩国对外直接投资增长速度快，规模显著提高，对外直接投资年平均增长率达到 45.6%，高于同期韩国 GDP 年平均增长率。该阶段是韩国对外直接投资增长最为迅速的时期之一，并且韩国的对外直接投资首次在单年份突破 1 亿美元。从行业分布来看，韩国制造业对外直接投资增长明显，占总投资额的比重呈现上升的趋势，特别是在 1989 年制造业比重达到了 49.1%，接近当年对外直接投资总额的半数。在非制造业行业中，矿业和商贸业投资量较大，金融保险业、服务业和房地产业在该阶段实现了快速增长。从对外直接投资的地区分布来看，北美超越亚洲成为韩国第一大对外直接投资地区，韩国对非洲的直接投资比重在该阶段下滑明显，韩国中小企业在该阶段的对外直接投资很活跃。

在对外直接投资大规模发展阶段（1990—1997 年），韩国对外直接投资实际项目数共有 7597 项，投资总额达到 165.72 亿美元，分别是 1985 年以前累计对外直接投资项目数和金额总和的 14 倍和 36 倍，韩国的对外直接投资首次在单年份突破 10 亿美元，韩国进入了大规模发展阶段。从对外直接投资的行业分布来看，韩国制造业对外直接投资在该阶段比重超越非制造业，成为韩国对外直接投资最主要的行业部门；在非制造业对外直接投资中，电信业开始崛起。从对外直接投资的区域分布来看，韩国对外直接投资在该阶段的投资重心又转移到了亚洲地区。该阶段除了具有上述特点外，还有一个显著特点，就是韩国对中国的直接投资开始迅猛增长，1990—1997 年韩国对中国的直接投资累计达到 31.62 亿美元，占同期韩国对亚洲对外直接投资总额的比重为 38.4%，表明该阶段中国是韩国最重要的投资目的地之一。

在对外直接投资波动发展阶段（1998—2006 年），韩国对外直接投资主要特征就是发展的波动性。1999 年和 2002 年韩国对外直接投资额出现了下降，下降幅度分别为 30.8% 和 28.3%，2003—2006 年韩国的对外直接投资又呈现出持续增长的趋势，到 2006 年韩国对外直接投资额首次超过 100 亿美元；与发达国家、新兴市场国家和地区比较，韩国对外直接投资总体规模较小，和这些国家和地区存在较大差距；从对外直接投资的地区分布来看，韩国对外直接投资在该阶段仍以亚洲为第一层次的直接投资目的地，北美和欧洲属于第二层次的直接投资目的地；从对外直接投资的行业分布来看，该阶段韩国的对外直接投资仍以制造业为主，但是制造业呈现波动发展特征，非制造业中服务业、矿业、电信业和商贸业直接投资金额较高；从对外直接投资的主体来看，韩国对外直接投资一直以大型企业为主导，同时中小企业的比重在不断提高。

在对外直接投资稳定发展阶段（2007 年至今），韩国对外直接投资在项目数和投资上都表现出稳定发展的特点。从对外直接投资的行业分布来看，制造业对外直接投资在该阶段仍旧是韩国最主要的投资行业，矿业、商贸业、房地产业和金融保险业对外直接投资在该阶段表现突出；从对外直接投资的地区分布来看，亚洲、北美和欧洲仍是韩国最主要的投资目的地，另外该阶段韩国对拉美地区的投资量显著增加。

明确中美日韩四国对外直接投资发展史后，本书采用实证的方法对中美日韩四国是否符合邓宁的 IDP 理论进行了检验，结果发现中国的对外直接投资符合邓宁等人提出的对外直接投资周期理论。中国的对外直接投资流量第二阶段和第三阶段的分界点大概出现在 2008—2009 年；中国的对外直接投资存量第二阶段和第三阶段的分界点大概出现在 2009—2010 年，存量拐点时间要晚于流量拐点时间。采用邓宁的阶段划分，中国对外直接投资第二阶段和第三阶段的分界时间应该为 2004—2005 年。但是实际上中国对外直接投资周期第二阶段和第三阶段的分界时间为 2008—2009 年，稍微晚于邓宁制定的标准。中国对外直接投资周期的第三阶段和第四阶段的分界时间是 2015 年，按照邓宁的标准，中国的对外直接投资进入第四阶段的时间区间应该是 2010—2011 年，同样稍微晚于邓宁的标准。按照邓宁的标准，中国第二阶段与第三阶段、第三阶段与第四阶段的分界点都晚 4~5 年，因此我们可以推断中国对外直接投资第一阶段和第二阶段的分界时间应该是 1997—1999 年。

按照联合国贸发会议（UNCTAD）制定的投资发展周期阶段标准（2006），中国对外直接投资第二阶段和第三阶段的分界时间应为 2019 年。但是实际上中国对外直接投资周期第二阶段和第三阶段的分界时间为 2008—2009 年，远远超前于联合国贸发会议所制定的标准。此外，按照联合国周期阶段标准，中国对外直接投资周期第一阶段和第二阶段的分界时间应该为 2006—2007 年，但是中国在该时间基本已经处于第二阶段的末端，所以说中国的对外直接投资周期第一阶段和第二阶段的分界时间也应该超过联合国贸发会议（UNCTAD）所制定的标准。2015 年中国已经进入对外直接投资周期的第四阶段，该年度中国的人均 GDP 为 8033 美元，也远远低于联合国贸发会议所制定的标准（25000 美元）。

美国和日本不符合对外直接投资周期理论，韩国则符合。韩国的人均 GDP 为 7634 美元时，实现了由第二阶段向第三阶段的转变，这个转变的年份大致在 1991—1992 年，比中国早 17 年左右。此外，按照邓宁的投资阶段划分标准，韩国的拐点要晚很多。按照联合国贸发会议（UNCTAD）制定的投资发展周期标准（2006），韩国要早于联合国贸发会议标准完成阶段的转变。

6.2　研究展望

中国对外直接投资实现健康规范地发展，特别是增加对“一带一路”沿线国家的直接投资量，把经济互补性转化为发展动力，是中国积极践行“一带一路”建设，推动人类命运共同体建设的重要实现途径，因此国家应该进一步把握世界发展趋势，实现对外直接投资的健康发展。2019 年年底随着新冠肺炎疫情的暴发，世界经济发展增加了许多不确定性，中国的对外直接投资发展也受到较大影响，对外直接投资企业今后在发展过程中一定要考虑到经济发展中的不确定性。

通过回顾有关国家投资发展史，并用实证法研究了其所处的阶段，今后可以从中韩对外直接投资阶段相互比较方向进行研究，还可以对中国为何在特定时间点出现转折等问题进行研究。

参考文献

[1] 安虎森，栾秋琳 .“一带一路”战略下东亚分工新格局的演变及实施方略 [J]. 南京社会科学，2017(2):22-29.

[2] 蔡雨欣，薛鹏 . 中美间双向直接投资结构比较研究——基于投资方式与投资主体的分析 [J]. 商业经济，2019(6):116-118.

[3] 曹宇明 . 邓宁两大理论与中国 FDI 适用性研究综述 [J]. 生产力研究，2010(6):251-254.

[4] 陈德民 . 韩国对华直接投资的地区分布不平衡及调整建议 [J]. 当代韩国，2006(3):41-48.

[5] 陈建南 . 发展中国家对外直接投资理论述评 [J]. 经济学动态，2001(2):65-67.

[6] 陈建勋，赵正一 . 投资发展周期理论具有普适性吗 ?——机制解析与实证检验 [J]. 浙江社会科学，2016(10):25-37.

[7] 陈涛涛，柳士昌，陈晓，陈忱 . 吸引外资与对外投资 : 典型国家的经验检验——基于中巴日韩四国数据的比较研究 [J]. 国际经济合作，2017(3):20-30.

[8] 陈涛涛，张建平，陈晓 . 投资发展路径 (IDP) 理论的发展与评述 [J]. 南开经济研究，2012(5):121-135.

[9] 陈漓高，黄武俊 . 投资发展路径 (IDP): 阶段检验和国际比较研究

[J]. 世界经济研究，2009(9):51-57.

[10] 崔日明，徐春祥 . 跨国公司经营与管理 [M]. 北京 : 机械工业出版社，2005.

[11]［德］卡尔 · 马克思 . 资本论 [M]. 北京 : 人民日报出版社，2006.

[12] 邓明 . 制度距离、“示范效应”与中国 OFDI 的区位分布 [J]. 国际贸易问题，2012(2):123-135.

[13] 丁静 . 邓宁投资阶段论在我国的适用性研究——基于 2003—2013 年省际数据的实证检验 [J]. 商业经济研究，2017(5):173-175.

[14] 董佺，杨清，曹宗平 . 广东省与亚洲地区对外投资发展阶段及经济水平的比较分析 [J]. 技术经济与管理研究，2008(1):114-116.

[15] 董蓉蓉，臧新 . 韩国对外直接投资与产业结构调整的实证分析 [J]. 商业研究，2006(19):179-182.

[16] 董有德，张露 . 中国 OFDI 推进相应国家基础设施建设——基于 2007—2016 年的 57 个“一带一路”国家的面板数据 [J]. 上海经济研究，2018(8):94-102.

[17] 范思琦 . 日本中小企业生态位演化研究及经验借鉴 [J]. 现代日本经济，2019(2):59-68.

[18] 冯永琦，王丽莉 . 中日作为东亚市场提供者的地位变化及其原因和影响分析 [J]. 现代日本经济，2016(4):47-59.

[19] 付韶军，王茜 . 中国对东盟 10 国直接投资效率及影响因素研究 [J]. 兰州学刊，2012(1):1-12.

[20] 傅缨捷，廖雅梦 . 日本对外直接投资对日元国际化的影响——基于动态空间杜宾模型的分析 [J]. 国际商务研究，2019(4):88-96.

[21] 高敏雪，李颖俊 . 对外直接投资发展阶段的实证分析——国际经验与中国现状的探讨 [J]. 管理世界，2004(1):55-61.

[22] 高鹏飞，胡瑞法，熊艳 . 中国对外直接投资 70 年 : 历史逻辑、当

前问题与未来展望 [J]. 亚太经济，2019(5):94-102.

[23] 高鹏飞，孙文莉 . 对外直接投资理论与中国实践的新问题 [J]. 中国商论，2019(2):110-112.

[24] 高晓晖 . 中国对外直接投资的适度规模 [J]. 数量经济技术经济研究，2002(9):22-25.

[25] 高正植，王圆，李雪 . 中日韩对外直接投资趋势和限制水平比较研究 [J]. 经济纵横，2018(6):105-115.

[26] 郭烨，许陈生 . 双边高层会晤与中国在“一带一路”沿线国家的直接投资 [J]. 国际贸易问题，2016(10):26-36.

[27](韩) 安忠荣著，田景等，译 . 现代东亚经济论 [M]. 北京：北京大学出版社，2004.

[28] 韩佳祥，陈瑛，史琴琴 . 美国对中国 FDI 的时空格局演变及影响因素 [J]. 地域研究与开发，2019(5):7-12.

[29] 贺培，封肖云，林发勤 . 中国对外直接投资如何影响出口——基于目的地“建设许可”工具变量的研究 [J]. 中央财经大学学报，2017(2):110-119.

[30] 贺仁龙，赵晓康 . 中美对外直接投资绩效比较 : 来自 2008—2015 年的实论分析 [J]. 河南社会科学，2017(5):50-56.

[31] 胡勇，李占卫，李森 . 浙江对外直接投资发展阶段的实证分析——兼对邓宁投资发展阶段理论的检验 [J]. 当代财经，2009(1):92-96.

[32] 黄梅波，李泽政 . 中国对外直接投资 40 年 : 动因及模式 [J]. 东南学术，2018(4):80-92.

[33] 黄武俊，燕安 . 中国对外直接投资发展阶段实证检验和国际比较 [J]. 国际商务 (对外经济贸易大学学报)，2010(1):67-73.

[34] 金明玉 . 东亚区域经济合作 [M]. 沈阳 : 白山出版社，2006.

[35] 金仁淑 ."二战"后日美对外直接投资战略比较 [J]. 现代日本经济，2000(3):11-14.

[36] 景光正 . 中日 OFDI 逆向技术溢出的比较研究——基于 OFDI 发展进程视角 [J]. 未来与发展，2020(2):58-62.

[37] 来娇娇，陈瑛 . 中国与美国对外直接投资区位选择的比较研究 [J]. 资源开发与市场，2012(5):443-445.

[38] 李春虎，张世和 . 当代韩国经济 [M]. 上海：上海外语教育出版社，2003.

[39] 李丹，董琴 . 日美贸易摩擦下日本产业升级的实现及启示 [J]. 现代日本经济，2019(2):1-12.

[40] 黎东辉 .FDI 学派跨国并购理论范式研究 [J]. 中南财经政法大学学报，2005(5):46-53.

[41] 李辉 . 经济增长与对外投资大国地位的形成 [J]. 经济研究，2007(2):38-47.

[42] 李惠茹，蒋俊 . 中国对外直接投资的政策演变与效果实证 [J]. 河北大学学报 (哲学社会科学版)，2019(6):68-79.

[43] 李建萍 . 国际投资发展周期的地区适应性——对 1998—2003 年我国各地区的实证分析 [J]. 南京财经大学学报，2005(5):40-44.

[44] 李建萍 . 论中国对外直接投资的出口效应 [J]. 上海商学院学报，2006(4):28-33.

[45] 李凯伦，刘梦月，朱天龙 .FDI 对我国城镇化的影响——基于经济发展方式转变程度的门槛效应检验 [J]. 商业经济研究，2018(18):190-192.

[46] 李韬，林文轩 . 中国 FDI 发展的动态演变 : 基于 IDP 理论的实证分析 [J]. 现代管理科学，2017(8):87-89.

[47] 李治，王东阳，胡志全 ."一带一路"倡议下中国农业企业"走

出去”的现状、困境与对策 [J]. 农业经济问题，2020(3):93-101.

[48] 廉晓梅，许晓芹 . 中日韩对外直接投资比较研究 [J]. 东北亚论坛，2016(4):119-126.

[49] 林季红 . 国际生产折中理论的局限及进一步发展的新视角 [J]. 国际贸易问题，2007(9):93-101.

[50] 林季红，胡雯婷 . 中国国际投资发展阶段研究 [J]. 厦门大学学报 (哲学社会科学版)，2011(2):52-59.

[51] 梁锶，苑生龙，张品一，谢吉惠 .“一带一路”沿线国家投资发展周期定位分析 [J]. 统计与决策，2018(16):66-69.

[52] 刘红忠 . 中国对外直接投资的实证研究及国际比较 [M]. 上海 : 复旦大学出版社，2001.

[53] 刘敏，刘金山，李雨培 . 母国投资动机、东道国制度与企业对外直接投资区位选择 [J]. 经济问题探索，2016(8):100-112.

[54] 刘乃郗，韩一军，刘邦凡 . 国际直接投资理论前沿进展——基于企业行为的视角 [J]. 华南理工大学学报 (社会科学版)，2018(1):40-52.

[55] 刘清杰，任德孝，刘倩 . FDI 对“一带一路”沿线国家经济增长的空间溢出效应——一个基于区域外部性的扩展模型 [J]. 云南财经大学学报，2020(4):36-50.

[56] 刘魏 . 东亚国际分工格局对中国高科技产品出口竞争力的影响及对策研究 [J]. 科技促进发展，2016(4):505-510.

[57] 刘晓辉 . 新常态下上海装备制造业对外直接投资发展现状研究 [J]. 当代经济，2020(5):57-59.

[58] 罗长远，毛成学，柴晴圆 . 美国对外直接投资 : 中国是一个特别的目的地吗 ?[J]. 社会科学文摘，2019(4):51-53.

[59] 罗瑾，刘文翠 . 中国对中亚五国直接投资的影响因素及潜力分

析——基于随机前沿模型 [J]. 开发研究，2017(3):32-37.

[60] 罗伟，葛顺奇 . 中国对外直接投资区位分布及其决定因素——基于水平型投资的研究 [J]. 经济学 (季刊)，2013(4):1443-1464.

[61] 吕越，陆毅，吴嵩博，王勇 . “一带一路”倡议的对外投资促进效应——基于 2005—2016 年中国企业绿地投资的双重差分检验 [J]. 经济研究，2019(9):187-202.

[62] 马林平，宋乐真，宋乐然 .IDP 理论及其实证研究 [J]. 世界经济文汇，2001(3):44-47.

[63] 欧定余，周小力 . 东亚生产分工的演进机制研究 : 以 IDP 理论为视角 [J]. 宁夏社会科学，2014(4):32-39.

[64] 欧阳艳艳，关红玲，郭巍 . 中国企业对外直接投资与对外间接投资的互动关系研究 [J]. 国际经贸探索，2020(2):90-105.

[65] 潘文卿，陈晓，陈涛涛，等 . 吸引外资影响对外投资吗 ?——基于全球层面数据的研究 [J]. 经济学报，2015(3):18-40.

[66] 庞德良，王博 . 中日在东亚地区的贸易结构演变与作用分析 [J]. 现代日本经济，2018(6):20-32.

[67] 彭刚，苑生龙 . 对外直接投资发展周期定位与总体模型——人均样本下的中国特征及国际比较 [J]. 经济学动态，2013(2):60-66.

[68] 彭凯，段元萍 . 日美对外投资经验对我国“一带一路”战略的启示 [J]. 改革与开放，2015(17):43-45.

[69] 桑百川，王伟 . 对外开放四十年 : 基本经验与前景展望 [J]. 国际贸易，2018(12):10-15.

[70] 沈军，包小玲 . 中国对外直接投资与经济发展的关系研究 [J]. 产经评论，2013，4(6):97-106.

[71] 沈坤荣，金刚 . 制度差异、“一带一路”倡议与中国大型对外投资——基于投资边际、模式与成败的三重视角 [J]. 经济理论与经

济管理，2018(8):20-33.

[72] 宋林，谢伟，郑雯 ."一带一路"战略背景下我国对外直接投资的效率研究 [J]. 西安交通大学学报 (社会科学版)，2017(4):45-54.

[73] 宋亚非 . 中国企业跨国直接投资研究 [M]. 大连 : 东北财经大学出版社，2001.

[74] 苏杭，李玉杰 . 日本对东亚直接投资的新动向 [J]. 现代日本经济，2018(6):33-40.

[75] 苏丽萍 . 西方对外直接投资理论对我国的适用性分析 [J]. 国际贸易问题，2003(7):43-46.

[76] 孙志毅，许可，杨文静 ."逆全球化"背景下中国对外投资的风险与信用问题——以"一带一路"沿线国家投资风险为例 [J]. 河南社会科学，2019(10):39-46.

[77] 太平，李姣 . 中国对外直接投资 : 经验总结、问题审视与推进路径 [J]. 国际贸易，2019(12):50-57.

[78] 田泽 . 国际投资发展模型与中国经验的实证分析 [J]. 理论探讨，2006(6):77-80.

[79] 田原，李建军 . 中国对"一带一路"沿线国家 OFDI 的区位选择——基于资源与制度视角的经验研究 [J]. 经济问题探索 2018(1):79-88.

[80] 田正 . 日本对华直接投资对中国经济发展影响研究 [J]. 日本问题研究，2018(3):54-64.

[81] 佟伟伟，吕瑶 . 东亚区域内国际或区际直接投资与贸易的发展分析 [J]. 信阳师范学院学报 (哲学社会科学版)，2017(3):48-52.

[82] 涂万春，陈奉先 . 中国对外直接投资阶段的实证分析 [J]. 重庆工商大学学报 (西部论坛)，2006(2):54-56.

[83] 王晶 . 日本制造业国际化机制及对制造强国建设的启示 [J]. 工业

经济论坛，2016(5):556-565.

[84] 王丽，张伟玉．“一带一路”背景下中国农业“走出去”的重要意义、风险挑战及路径选择 [J]. 对外经贸实务，2020(5):77-80.

[85] 王永钦，杜巨澜，王凯．中国对外直接投资区位选择的决定因素：制度、税负和资源禀赋 [J]. 经济研究，2014(12):126-142.

[86] 王泽宇，刘刚，梁晗．中国企业对外投资选择的多样性及其绩效评价 [J]. 中国工业经济，2019(3):5-23.

[87] 吴钧．发展中国家对外直接投资后发优势探析 [J]. 淮阴师范学院学报 (哲学社会科学版)，2006(5):652-655.

[88] 吴培，李哲敏．中国农业对外直接投资发展研究及展望——基于 IDP 理论和 ARIMA 模型 [J]. 技术经济与管理研究，2019(5):118-122.

[89] 吴先明．跨国公司理论范式之变 : 从垄断优势到寻求创造性资产 [J]. 世界经济研究，2007(5):64-68.

[90] 吴先明．跨国企业：自 Hymer 以来的研究轨迹 [J]. 外国经济与管理，2019(12):135-160.

[91] 许罗丹，谭卫红．对外直接投资理论综述 [J]. 世界经济，2004(3):65-69.

[92] 许真，陈晓飞．基于扩展的 IDP 模型的对外直接投资决定因素分析——来自国家面板回归的证据 [J]. 经济问题，2016(2):44-49.

[93] 薛求知，朱吉庆．中国对外直接投资发展阶段的实证研究 [J]. 世界经济研究，2007(2):36-40.

[94] 闫实强．浅析部分文献关于投资发展周期理论表述与应用的谬误 [J]. 亚太经济，2012(5):76-79.

[95] 杨健全，杨晓武，王洁．我国对外直接投资的实证研究 :IDP 检验与趋势分析 [J]. 国际贸易问题，2006(8):76-81.

[96] 姚永华，苏佳丽，陈飞翔．我国对外投资发展阶段的实证分析 [J]. 国际贸易问题，2006(10):96-101.

[97] 尹德先，杨志波 . 中国对外直接投资发展阶段研究 [J]. 商业研究，2013(1):61-67.

[98] 尹新纲 . 日本对外直接投资的理论分析及对我国的启示 [J]. 东北亚论坛，1997(1):53-56.

[99] 余莹 . 国际投资新规则对我国国企海外投资的限制及对策研究 [J]. 当代经济，2020(2):55-61.

[100] 苑生龙 . 中国对外直接投资发展的新阶段——净资本输出状态下的投资周期再定位 [J]. 宏观经济研究，2017(7):19-31.

[101] 臧新，崔岩，董蓉蓉 . 日韩对外直接投资及其与产业结构调整关系的实证比较 [J]. 世界经济研究，2006(9):77-82.

[102] 张存涛，焦必方 . 人均 GDP1000 ~ 3000 美元时期韩国产业政策调整及启示 [J]. 世界经济研究，2006(9):83-88.

[103] 张纯威，石巧荣 . 中国对外直接投资规模演进路径 [J]. 金融经济学研究，2016(1):3-13.

[104] 张东明 . 韩国产业政策研究 [M]. 北京：经济日报出版社，2002.

[105] 张建刚，杨宜尚 . 基于 IDP 理论的山东省对外直接投资阶段实证分析 [J]. 山东科技大学学报 (社会科学版)，2011(3):69-75.

[106] 张述存 . “一带一路”战略下优化中国对外直接投资布局的思路与对策 [J]. 管理世界，2017(4):1-9.

[107] 赵海波 . 东亚地区国际投资态势的实证分析——邓宁投资阶段论在东亚的检验 [J]. 世界经济研究，2006(4):59-64.

[108] 赵燕 . 东亚区域生产网络垂直专业化分工与中国产业发展趋势分析 [J]. 生产力研究，2016(10):18-20.

[109] 甄宇鹏 . 韩国企业技术创新战略解析 [J]. 中国科技投资，2006(10):77-79.

[110] 郑亚莉，杨益均 . 浙江对外直接投资发展阶段的实证研究与趋势

分析 [J]. 浙江社会科学，2007(5):32-37.

[111] 朱洁西 .“一带一路”倡议下的中国对外直接投资 [J]. 沈阳大学学报 (社会科学版)，2019(6):691-695.

[112] 朱巧玲，董莉军 . 西方对外直接投资理论的演进及评述 [J]. 中南财经政法大学学报，2011(5):26-32.

[113] 宗芳宇，路江涌，武常岐 . 双边投资协定、制度环境和企业对外直接投资区位选择 [J]. 经济研究，2012(5):71-82.

[114] 左武荣 .“一带一路”背景下发展我国绿色贸易的探讨 [J]. 对外经贸，2019(12):9-11.

[115] Alexandros Ragoussis. The investment development path in space[J]. Review of World Economics，2011，147(3):527-541.

[116] Alvaro Calderon，Michael Mortimore，Wilson Peres. Mexico：Foreign Investment as a Source of International Competitiveness[C]. in John H. Dunning，Rajneesh Narula，eds. Foreign Direct Investment and Governments：Catalysts for Economic Restructuring，London and New York：Routledge，1996：240-279.

[117] Andreff W，Andreff M. Multinational companies from transition economies and their outward foreign direct investment[J]. Russian Journal of Economics，2017，3(4): 445-474.

[118] Avina D A A，Adikara H K. Factors attributing to outwards direct investments from developing countries to developed countries: Evidence from China and India[J]. Asia-Pacific Management and Business Application，2017，5(2): 103-116.

[119] Bailey P J. Postwar Japan: 1945 to the present[M]. Oxford: Blackwell，1996.

[120] Beamish P W，Peng G Z，Nkongolo-Bakendo J M. The Effect of National Ethical Environment on Japanese FDI in Developing and

Developed Countries[J]. Available at SSRN 3277685, 2017.

[121] Bendenabende A, Slater J. Government policy, industrialisation and the investment development path: the case of Thailand[J]. Global Business and Economics Review, 2004, 6(1):55-81.

[122] Berry H, Sakakibara M. Resource accumulation and overseas expansion by Japanese multinationals[J]. Journal of Economic Behavior & Organization, 2008, 65(2): 277-302.

[123] Blair A R. United States Manufacturing Direct Investment and Trade: The Case of Canada and Mexico under NAFTA and Earlier Trade Liberalization Measures[J]. Review of Economics & Finance, 2017, 7(1):50-65.

[124] Blonigen B A. Foreign direct investment[M]. World Scientific Publishing Company Pte. Limited, 2019.

[125] Bonaglia, Federico, Goldstein, Andrea. Egypt and the investment development path[J]. International Journal of Emerging Markets, 2006, 1(2):107-127.

[126] Brown K. The rise of the dragon: Inward and outward investment in china in the reform period 1978—2007[M]. Elsevier, 2008.

[127] Buckly Peter. J, Francisco B. Castro. The Investment Development Path: The Case of Portugal［J］. Transnational Corporations, 1998, 7(1):1-15.

[128] Buckley, P. J., et al. The determinants of Chinese outward foreign direct investment[J]. Journal of International Business Studies, 2007, 38(4):499-518.

[129] Cherry J. Korean multinationals in Europe[M]. Psychology Press, 2001.

[130] Cho Y J. Financial crisis of Korea: the causes and challenges[J]. Rising to the Challenge in Asia: A Study of Financial Markets, 1998 : 29.

[131] Christian Bellak. The Austrian investment development path[J]. Transnational Corporations, 2001, 10(2): 107-134.

[132] Ciesielska D, Koltuniak M. Outward foreign direct investments and home country' s economic growth[J]. Physica A: Statistical Mechanics and its Applications, 2017, 48(2): 127-146.

[133] Dollar D. United States-China two-way direct investment: Opportunities and challenges[J]. Journal of Asian Economics, 2017, 50(1): 14-26.

[134] Drake T A, Caves R E. Changing determinants of Japanese foreign investment in the United States[J]. Journal of the Japanese and International Economies, 1992, 6(3): 228-246.

[135] Duran J. J., Ubeda F.The investment development path of newly developed countries[J].International Journal of the Economics of Business, 2005, 12(1):123-137.

[136] Eva Stal , Alvaro Cuervo Cazurra. The Investment Development Path and FDI From Developing Countries: The Role of Pro-Market Reforms and Institutional Voids[J]. Latin American Business Review, 2011, 12(3):209-231.

[137] Fabienne Boudier-Bensebaa. FDI-assisted Development in the Light of the Investment Development Path Paradigm : Evidence from Central and Eastern European countries[J]. Transnational Corporations, 2008, 17(1): 37-63.

[138] Farrell R. A Yen for Real Estate: Japanese Real Estate Investment Abroad From Boom to Bust[M]. Edward Elgar Publishing, 2000.

[139] Fernández J T, Zapico M A L. US direct investment in Southern

europe. the role of the institutional variables (1966—2014)[J]. Revista de economía mundial, 2016, 44(1): 173-194.

[140] Francisco B. Castro. Foreign Direct Investment in a Late Industrialising Country : The Potuguese IDP Revisited [J]. Journal of World Business, 2004, 35(4):379-400.

[141] Frank Barry, Holger Gorg, Andrew McDowell. Outward FDI and the Investment Development Path of a late-industrializing Economy : Evidence from Ireland[J]. Regional Studies, 2003, 37(4):341-349.

[142] Frenken J H, Mbuvi D. Country risk, FDI flows and convergence trends in the context of the Investment Development Path[J]. UNU-MERIT Working Papers, 2017(5): 1-17.

[143] Fung K C, Iizaka H, Parker S. Determinants of US and Japanese direct investment in China[J]. Journal of Comparative Economics, 2002, 30(3): 567-578.

[144] Fung K C, Lau L J, Li C, et al. US direct investment in China[M]. American Enterprise Institute, 2004.

[145] Georgopoulos A, Sogiakas V, Salavrakos I D. Foreign divestment in the integration development path of Greece[J]. Global Business and Economics Review, 2018, 20(1): 1-17.

[146] Gill A. Internationalization of firms: An analysis of South Korean FDI in India[J]. Seoul Journal of Economics, 2014, 27(1): 87-114.

[147] Gnangnon S K. Effect of multilateral trade liberalization on foreign direct investment outflows amid structural economic vulnerability in developing countries[J]. Research in International Business and Finance, 2018, 45(1): 15-29.

[148] Greaney T M, Li Y. Assessing foreign direct investment relationships

between China, Japan, and the United States[J]. Journal of Asian Economics, 2009, 20(6): 611-625.

[149]Görg H, Wakelin K. The impact of exchange rate volatility on US direct investment[J]. The Manchester School, 2002, 70(3): 380-397.

[150] Hai-Yan Zhang, Danny Van Den Bulcke. China : Rapid Changes in the Investment Development Path[C]. in John H. Dunning, Rajneesh Narula, eds. Foreign Direct Investment and Governments : Catalysts for Economic Restructuring. London and New York : Routledge, 1996 : 390-418.

[151] Hwang, Sung J . Economic development and internationalisation as viewed through the investment development path : with special reference to the Korean economy[J]. advanced emergency nursing journal, 1994, 10(10):9-22.

[152] Ikeo A. History of economics in Japan: A turning point[J]. History of political economy, 2002, 34(5): 165-175.

[153] John H. Dunning. Toward an Eclectic Theory of International Production: Some Empirical Tests[J]. Journal of International Business Studies, 1980, 11(1):9-31.

[154] John H.Dunning. International production and the multinational enterprise［M］. London: George Allen and Unwin, 1981.

[155] John H.Dunning.Explaining the International Direct Investment Position of Countries:Towards a Dynamic or Developmental Approach [J]. Weltwirtschaftliches Archiv, 1981, 117(1):30-64.

[156] John H. Dunning. The investment development cycle revisited[J]. Weltwirtschaftliches Archiv, 1986, 122(4):667-676.

[157] John H.Dunning.The Eclectic Paradigm of International Production:a

Restatement and Some Possible Extensions [J].Journal of International Business Studies，1988，19(1):2-5.

[158] John H.Dunning，R. Narula. The investment development path revisited：Some emerging issues，1996. In Dunning，J. H.，R. Narula，eds.，Foreign direct investment and governments（London：routledge）:1-41.

[159] John H. Dunning，Roger van Hoesel，Rajneesh Narula. Explain the "new" Wave of Outward FDI from Developing Countries：the Case of Taiwan and Korea [M]. Research Memoranda 009，from Maastricht：MERIT，Maastricht Economic Research Institute on Innovation and Technology，1996.

[160] John H. Dunning，Kim C. S，Lin J D. Incorporating Trade into the Investment Development Path: A Case Study of Korea and Taiwan[J]. Oxford Development Studies，2001，29(2):145-154.

[161] John H.Dunning. The Eclectic (OLI) Paradigm of International Production: Past，Present and Future[J]. International Journal of the Economics of Business，2001，8(2):173-190.

[162] John H. Dunning. New directions in international-business research: A personal viewpoint[J]. Research in Global Strategic Management，2008，14(1):247-257.

[163] Kayam S S，Hisarciklilar M. Revisiting the Investment Development Path (IDP): A Non-linear Fluctuation Approach[J]. International journal of applied econometrics and quantitative studies，2009，6(2):63-82.

[164] Kim W S，Lee Y. Challenges of Korea's Foreign Direct Investment-led globalization: Multinational corporations'perceptions[J]. Asia

Pacific Business Review, 2007, 13(2): 163-181.

[165] Klich J. Foreign Direct Investment in the Visegrad Countries after 2004: Have the Visegrad Countries' Membership in the European Union Changed Something?[J]. Entrepreneurial Business and Economics Review, 2014, 2(3): 19-32.

[166] Komiya R. Japan's Foreign Direct Investment: Facts and Theoretical Considerations[M]//International Finance and Trade in a Polycentric World. Palgrave Macmillan, London, 1988: 241-299.

[167] Komiya R, Wakasugi R. Japan's foreign direct investment[J]. The Annals of the American Academy of Political and Social Science, 1991, 513(1): 48-61.

[168] Kojima K. Direct Foreign Investment: A Japanese Model of Multi-National Business Operations[M]. Routledge, 2010.

[169] Koojaroenprasit S. The impact of foreign direct investment on economic growth: A case study of South Korea[J]. International Journal of Business and Social Science, 2012, 3(21):8-19.

[170] Krieckhaus J. Geopolitics and South Korea's economic success[J]. Asian Perspective, 2017, 41(1): 43-69.

[171] Kuzel, Marcin. The Investment Development Path: Evidence from Poland and Other Countries of the Visegrád Group[J]. Journal of East-West Business, 2016, 23(1):1-40.

[172] Kwak J S, Mortimore M. Republic of Korea: investment and corporate strategies in Latin America and the Caribbean[J]. KOTRA/ECLAC. Seúl, Corea, 2007.

[173] Kwak J S. Korean OFDI: investment strategies and corporate motivations for investing abroad[M]. ECLAC, 2007.

[174] Latorre M C, Hosoe N. The role of Japanese FDI in China[J]. Journal of Policy Modeling, 2016, 38(2): 226-241.

[175] Lee, Chew Ging. Outward Foreign Direct Investment and Economic Growth: Evidence from Japan[J]. Global Economic Review, 2010, 39(3):317-326.

[176] Lee J W, Kawai N. The Impact of the EU's Trade Discrimination Policy on Foreign Direct Investment Mechanisms: The Case of Korean Manufacturing Investment from 1990-1997[J]. Journal of Korea Trade, 2007, 11(1): 21-52.

[177] Lee Y. Political economy of Korean and Japanese foreign direct investment[J]. Journal of Contemporary Asia, 1999, 29(4): 462-493.

[178] López Aymes J F, Salas-Porras A. Korean companies in Mexico: business practices and national identity[J]. Journal of Asia-Pacific Business, 2012, 13(4): 349-374.

[179] Love J H, Lage-Hidalgo F. Analysing the determinants of US direct investment in Mexico[J]. Applied Economics, 2000, 32(10): 1259-1267.

[180] Lunn J. Determinants of US direct investment in the EEC: Further evidence[J]. European economic review, 1980, 13(1): 93-101.

[181] M.Gorynia, J. Nowak, P.Trapczynski, R. Wolniak. Friend or foe? On the role of institutional reforms in the investment development path of central and east European economies[J]. International business review, 2019 (28): 575-587.

[182] Magnus Blomström, Ari Kokko. Foreign Direct Investment and Spillovers of Technology [J]. International Journal of Technology Management. 2001, 22(5): 435-454.

[183] Makoni P L. An extensive exploration of theories of foreign direct investment[J]. RISK GOVERNANCE & CONTROL: Financial markets and institutions, 2015, 5(2): 77-83.

[184] Marian Gorynia, Jan Nowak, Radoslaw Wolniak.Poland and Its Investment Development Path[J].Eastern European Economics, 2007, 45(2):52-74.

[185] Marton, K., McCarthy, C.. Is China on the investment development path? Journal of Asia Business Studies, 2007, 1(2):1-9.

[186] Michael J.Twomey.The Canadian Experience with the Investment Development Path[M].Canadian Economic History Conference, 2000.

[187] Min B S. Trade and foreign direct investment patterns in the Republic of Korea in the aftermath of the 1997 Asian Financial Crisis[J]. Asia-Pacific Trade and Investment Review, 2006, 2(1): 82-101.

[188] Oh J H, Mah J S. The patterns of Korea's foreign direct investment in Vietnam[J]. Open Journal of Business and Management, 2017, 5(2): 253-271.

[189] Pandya S S. Political economy of foreign direct investment: Globalized production in the twenty-first century[J]. Annual Review of Political Science, 2016, 19(1): 455-475.

[190] Pattnaik C, Kwon K H. Outward foreign investment policy in Korea: A review on policy issues and performance[J]. Journal of Korea Trade, 2006, 10(3): 171-193.

[191] Pichl , C. Internationale Investitionen , Entwicklungsniveau und Landesgrößе[J]. WIFO Monatsberichte, 1989, 1(4): 259-266.

[192] Phongpaichit P. The new wave of Japanese investment in ASEAN: Determinants and prospects[M]. Institute of Southeast Asian, 1990.

[193] Rajneesh Narula.Multinational Investment and Economic Structure:Globalisation and Competitiveness[M].London and New York:Routledge，1996.

[194] Rajneesh Narula，John H.Dunning.Industrial Development，Globalization and Multinational Enterprises:New Realities for Developing Countries[J].Oxford Development Studies，2000，28(2):141-167.

[195] Rajneesh Narula，John H. Dunning. Multinational Enterprises，Development and Globalisation：Some Clarifications and a Research Agenda [J]. Oxford Development Studies，2010，38(3)：263-287.

[196] Rajneesh Narula，José GUIMÓN. The investment development path in a globalised world: implications for Eastern Europe[J]. Eastern Journal of European Studies，2010，1(2):5-19.

[197] Rakhi Verma，Louis Brennan. The investment development path theory：evidence from India [J]. International Journal of Emerging Markets，2011，6(1):74-89.

[198] Roger van Hoesel. Taiwan：Foreign Direct Investment and the Transformation of the Economy[C]. in John H. Dunning，Rajneesh Narula，eds. Foreign Direct Investment and Governments：Catalysts for Economic Restructuring. London and New York：Routledge，1996：280-315.

[199] Satoglu E B. “Emerging” through foreign investment: investment development path estimation of “MINT” economies[J]. Adv Econ Bus，2017，5(5): 256-264.

[200] Sen K，Sinha C. The location choice of US foreign direct investment: how do institutions matter?[J]. Journal of Institutional Economics，

2017, 13(2): 401-420.

[201] Simon D F, Jun Y. Technological change, foreign investment and the new strategic thrust of Japanese firms in the Asia Pacific[M]//Corporate Links and Foreign Direct Investment in Asia and the Pacific. Routledge, 2018: 203-226.

[202] Simona Gabriela Masca, Viorela Ligia Vaidean. Outward FDI and the Investment Development Path in Romania[J]. Revista Romana De Economie, 2010, 31(2):49-64.

[203] Singh L, Gill A. Emergence of innovative manufacturing firms across Asian countries[J]. Seoul Journal of Economics, 2016, 29: 113-149.

[204] Sonia Ferencikova, Sonia Ferencikova. Outward Investment Flows and the Development Path[J]. Eastern European Economics, 2012, 50(2):85-111.

[205] Stoian, C. . Extending Dunning' s investment development path: The role of home country institutional determinants in explaining outward foreign direct investment. International Business Review, 2013, 22(3):615-637.

[206] Szabo K. Balazs Szent-Ivanyi: Foreign Direct Investment in Central and Eastern Europe. Post-Crisis Perspectives[J]. Society and Economy, 2019, 41(1): 165-171.

[207] Terutomo Ozawa. The macro-IDP, meso-IDPs and the technology development path(TDP)[C]. in John H. Dunning, Rajneesh Narula, eds. Foreign Direct Investment and Governments : Catalysts for Economic Restructuring. London and New York Routledge, 1996 : 42-73.

[208] Tolentino, P.E., Technological Innovation and Third World

Multinational[M].London:Routledge，1993.

[209] Verma，Rakhi，Brennan，Louis. The investment development path theory: evidence from India[J]. International Journal of Emerging Markets，2010，6(1):74-89.

[210] Wei W X，Alon I. Chinese outward direct investment: a study on macroeconomic determinants[J]. International Journal of Business and Emerging Markets ，2010，2(4):352-369.

[211] Xiaohui Liu，Trevor Buck，Chang Shu.Chinese Economic Development，the Next Stage:Outward FDI? [J]. International Business Review，2005，14(1):97-115.

[212] Yang X，Lim Y，Sakurai Y，et al. Internationalization of Chinese and Korean firms[J]. Thunderbird International Business Review，2009，51(1): 37-51.

[213] Yasar E，Acıkalın S，Gezer M A. Testing IDP Hypothesis by Cluster Analysis: Which Countries in Which Stage?[J]. Procedia economics and finance，2015，23(1): 1201-1209.

致谢

时间不经意地在流逝，有了时间坐标更能发现其速度之快。2016 年 9 月入京到中国人民大学攻读博士学位，到 2020 年 6 月毕业，再到现在就职于河北工程大学管理工程与商学院，时间真是过得非常快。

本书能够出版，首先感谢我的恩师贺耀敏教授，贺老师给了我悉心的指导和热情的帮助，最终使我完成这部著作。贺老师知识渊博、对学生和善，每次从贺老师办公室出来，我都收获满满。现在从事教师工作，一直以贺老师为榜样真诚对待学生、启迪学生。

其次感谢对我著作提供宝贵建议的老师们，感谢中国人民大学高德步教授、陈勇勤教授、孙圣民教授、王珏教授、关权教授，感谢中国社会科学院武力教授、对外经贸大学桑百川教授和杨国亮教授。正是老师们提出的建议使得本书质量水平大幅提高，老师们严谨的治学态度、精益求精的工作作风值得我去学习。

感谢河北工程大学管理工程与商学院的王彦林院长、贾冀南院长和顾瑶院长，感谢管商学院的同事们，正是由于他们的帮助使得该书水平有了进一步提高。感谢中国纺织出版社的编辑们，由于他们的帮助，使得该书能够顺利出版。

最后感谢我的家人。感谢我的父亲，感谢在天国的母亲，感谢我的妻子李瑞萍，感谢他们的支持与爱。

“雄关漫道真如铁，而今迈步从头越”，步入成为老师的人生新阶段后，我要一直怀着感恩之心对待人和事，努力完善自我、提高自我，希望为新时代中国特色社会主义的发展贡献一份力量。

李凯伦

2021 年 4 月 4 日于河北邯郸